U1015226

阿米巴
团队激励

胡八一◎著

中国经济出版社
CHINA ECONOMIC PUBLISHING HOUSE
北京

图书在版编目（CIP）数据

阿米巴团队激励／胡八一著．--2版．--北京：中国经济出版社，2023.9

ISBN 978-7-5136-7427-0

Ⅰ.①阿… Ⅱ.①胡… Ⅲ.①企业管理-人事管理-激励 Ⅳ.①F272.92

中国国家版本馆CIP数据核字（2023）第159539号

责任编辑　贾轶杰
责任印制　马小宾
封面设计　久品轩

出版发行　中国经济出版社
印 刷 者　北京力信诚印刷有限公司
经 销 者　各地新华书店
开　　本　880mm×1230mm　1/32
印　　张　7
字　　数　133千字
版　　次　2023年9月第2版
印　　次　2023年9月第1次
定　　价　58.00元
广告经营许可证　京西工商广字第8179号

中国经济出版社 网址 www.economyph.com 社址 北京市东城区安定门外大街58号 邮编 100011
本版图书如存在印装质量问题，请与本社销售中心联系调换（联系电话：010-57512564）

版权所有　盗版必究（举报电话：010-57512600）
国家版权局反盗版举报中心（举报电话：12390）　　服务热线：010-57512564

序言

PREFACE

唯有落地，方能生根

——阿米巴经营模式在中国的落地生根

阿米巴经营模式是什么？

阿米巴是一种单体细胞微生物，它能通过自身不断分裂复制，而且为了适应外在条件会发生变形。稻盛和夫据其两个特点，结合松下电器事业部制，创立阿米巴经营模式。

何谓阿米巴经营模式？简而言之，即把公司分成多个自主经营单元（即阿米巴），每个经营单元均需独立核算、自负盈亏；持抱利他共赢理念，鼓励员工增加收入、降低费用；最后，利益共享，同创幸福企业。

三字以蔽之：分、算、奖！

阿米巴经营模式有何高效见证？

计划经济时代，领导高调引入苏联管理模式，然后计划不再、苏联不再，自然也就引而不入。

改革开放之后，企业自觉学习日本管理模式、美国管理模式，诸如全面质量管理、精准生产、整合营销传播、波特战略等，却也只是片段而非整体。

唯有阿米巴经营模式，上自经营哲学启志、中到组织设计技术、下抵日常表格操作，事及全员，而非某些职能部门，于是持续产生高效。

先是稻盛老人业绩可叹，如今国人耳熟能详：

◆自创京瓷，伊始维艰，人数区区不过半百、厂房区区不过三间，用巴（阿米巴经营模式）之后，业绩持续翻番，荣登世界500强榜！

◆组建日本第二电信，整合多方人才资金，用巴之后，打破垄断、冲出重围，业务从零开始，再攀世界500强榜！

◆日本航空巨亏，濒临倒闭，鸠山首相三顾茅庐、稻盛老人八十高龄下山，用巴之后，一年扭亏为盈，反超同行！

再看中国企业，虽然名不称"巴"，却也异曲同工，收效极佳！

◆上海大众力推"经营体"；

◆海尔集团奉行"自主经营体"、SBU（战略事业单元）；

◆阿里巴巴内分级、多个"经济单元"。

阿米巴经营模式为何能够产生极高收益?

首先，阿米巴经营模式符合人性。

它从人性方面思考，形成经营哲学，正确引导经营思路，而非舍本求末，以为某种管理方法即是“绝招”。

以下三个问题的答案即从人性角度思考得出，而非管理学科。

◆为何只有老板关注经营利润，然而员工却只关注做事本身?

因为我的工作距离利润太远，没法关注!

◆为何部门之间总爱扯皮推诿，最终只有老板才能协调解决?

因为他们互是同事关系，而非买卖关系!

◆为何员工总是觉得工资不够满意，却把原因归为老板小气?

因为工资是老板给的，不是他们买卖赚来的!

其次，阿米巴经营模式能够满足时代需要。

当下员工多数不为生存安全而去工作，他们需要人格尊重、精神自由，满足这种心理需求之举，莫过“我有地盘，我能做主”!好吧，给你一个阿米巴，你去做主!

“互联网+”已让千万“草根”创业成功;中央号令“大众创业、万众创新”、地方政府鼓励创业津贴层出不穷，哪个不蠢蠢欲动?老板若不内部满足员工创业冲动，员工必将外出创业。好吧，给你一个阿米巴，你去创业！

最后，阿米巴经营模式提供了技术保障。

好心未必办成好事，皆因方法不对；慈悲未必修得善果，全是智慧不足。一味符合人性、一味满足员工当然也就未必成功。

励志大师叫嚣成功，可是从来不曾给出成功的逻辑、成功的阶梯，以为充满激情，便可成功。结果泱泱弟子除了再去叫嚣励志，也就别无成功！

阿米巴经营模式则不然，包含如何分巴，如何内部定价，如何建立内部交易规则，如何核算收入、成本，如何分析本巴盈亏，如何改善不良，如何分享收益……唯一所剩，就是你的行动！

阿米巴经营模式是否适合中国企业？

古今中外之人，虽有认知差异，从而形成文化差异、观念差异，然而人心、人性无异！

管仲新政，故有齐桓九合诸侯，无非分、算、奖；

商鞅变法，故有大秦一统天下，无非分、算、奖；

明治维新，故有日本赶超欧洲，无非分、算、奖；

小平改革，故有中国平视世界，无非分、算、奖；

对应前边所述三个人性问题，解决方案无非分、算、奖！

故此，这个问题不是问题，下个问题才是问题！

阿米巴经营模式如何落地中国企业？

即使汽车进口到中国，有时也需部分改装，旨在适应中国驾驶环境，何况人文理念、经营模式，也该扬弃！原因有三：

其一，中国企业经营的外在空间广阔，开源与发展仍是中国企业之主流旋律，而日企则不然。因此，阿米巴落地中国，首在厘清战略，继而开源节流。

其二，中国企业管理的内在基础较差，建制与完善乃中国企业之必修内功，而日企则不然。因此，阿米巴落地中国，首在架构重组，继而分巴交易。

其三，中国社会环境的客观影响很大，物质与精神总在中国企业之中动态平衡，而日企则不然。因此，阿米巴落地中国，首在提升经营，继而转变人文。

稻盛老人来华数次，宣传理念；成立塾式机构若干，诵读精进。然而理念如不加以技术落地，则是空谈，空谈误国！

至于如何加以技术落地，正是本系列宗旨，共分三本。内容详见后文，在此概述如下：

第一本《阿米巴组织划分》，主要讲述阿米巴组织变革；

第二本《阿米巴经营会计》，主要讲述阿米巴经营核算；

第三本《阿米巴团队激励》，主要讲述阿米巴体系运营。

我们敬重稻盛老人，但非膜拜；我们学习阿米巴，但非照抄！

书中内容，乃是一家之言，供您参考、探讨。

愿您成功！

得以成书，非常感谢柏明顿的客户们！非常感谢我的顾问伙伴们，特别是柏明顿资深顾问魏海燕、陈扬名等人，为本书提供大量案例、图表、数据。

是为序。

柏明顿管理咨询首席顾问 胡八一

huby@ pmt. net. cn www. pmt. net. cn

2016 年 11 月 28 日 亚特兰大

前言
INTRODUCTION

中国式阿米巴，不但强调建立全员共同的愿景，更强调通过一系列的机制来保证愿景实现的可能。

企业必须通过机制来让组织产生持续的活力。

阿米巴团队激励，主要是解决干部和员工的驱动力问题，从而释放组织活力。

阿米巴组织划分，解决责任和授权问题；阿米巴经营会计能透视经营状况，反映组织运行绩效；阿米巴团队激励，则把短期、长期受益和物质、精神奖励作为激励手段，让员工为自己工作，释放个人“愿”力，激活组织活力，提高各个职能板块的组织效能。

企业机制设计是一门艺术，需要研究原理，推演与企业匹配的方案。本模块涉及的专业知识比较多，企业决策人只需了解相关原理即可，具体方案可由人力资源部门完成。

目录
CONTENTS

03 第三章 阿米巴奖金设计

04 第四章 阿米巴股权激励方案

05 第五章 阿米巴人才梯队建设

06 第六章 阿米巴合伙制激励

07 第七章 如何实施合伙制

08 第八章 合伙制的五大机制

09 第九章 如何升级合伙制

阿米巴团队激励
AMOEBA

第一章

阿米巴激励机制设计

阿米巴激励机制一旦形成，就会内在地作用于组织系统本身，使组织机能处于一定的状态，并进一步影响组织的生存和发展。

多种激励机制并存，提升员工满意度。设计阿米巴激励机制，主要采用薪酬、奖金和股权三大方式，必须把三者结合起来（见图1-1）。

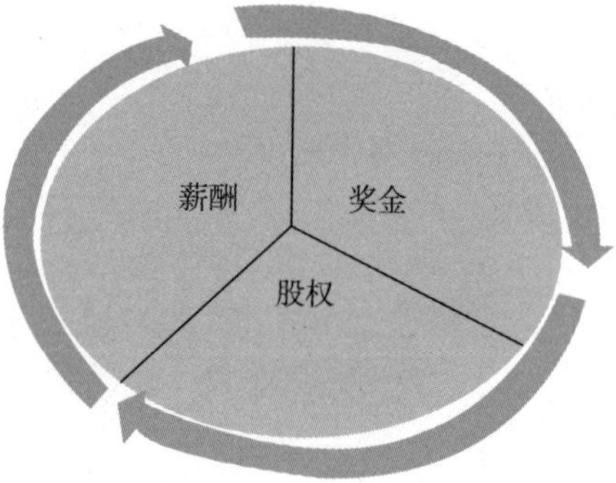

图 1-1　阿米巴激励机制设计

本章目标

1. 了解：阿米巴激励机制。
2. 理解：阿米巴激励原则和形式。
3. 理解：阿米巴激励目的与组织职责。
4. 掌握：阿米巴经营体激励机制。
5. 掌握：阿米巴激励规则。
6. 掌握：巴长激励和团队激励操作要点。
7. 操作：设计阿米巴激励分配方案。

形成成果

利润考核目标设定。

扫码购买配套精品课程

第一节　阿米巴激励机制概述

一、阿米巴激励的含义

阿米巴激励机制，**是指企业创造、提供满足员工各种需要的条件，以实现企业组织行为的特定目标为前提，通过物质和精神手段来激发和鼓励员工的生产积极性和创造性的功能**。

阿米巴激励机制是对实施阿米巴经营模式的经营或平台单位以及单位经营者或管理者实施以超额利润分享、费用节约奖励为核心的激励机制。

公平、具有竞争力的阿米巴激励体系是实施阿米巴经营模式的基本保障。合理的激励体系可使企业吸引来优秀的员工，鼓励员工积极工作，提高技能，从而提升企业效率，赢得竞争优势。

在阿米巴激励机制作用下，组织不断发展壮大，不断成长。本书称这样的激励机制为良好的激励机制。激励机制对员工行为的助长作用给管理者的启示是：**管理者应能够找准员工的真正需要，并将满足员工需要的措施与组织目标的实现有效地结合起来**。

优秀的激励体系依据公司的方方面面，营造出一个激动人心的阿米巴经营环境。

二、阿米巴激励与传统奖励设计的区别

阿米巴激励与传统奖励设计的区别，主要体现在激励对象的差别上：传统奖励主要是针对个人，而阿米巴激励的对象是团队。激励导向方面，传统奖励是综合导向，而阿米巴激励是利润导向。在分配权限上，传统奖励是由总经理和人力资源部门决策和执行，而阿米巴激励的分配权限归属各级巴长。具体见表1-1。

思考：阿米巴激励与传统奖励，你认为哪一种激励方式更适合公司？

表1-1　阿米巴激励与传统奖励的区别

类别	传统奖励	阿米巴激励
奖励对象	个人	团队
激励导向	综合导向	利润导向
分配权限	总经理、人力资源	各级巴长

三、阿米巴激励机制的运行模式

阿米巴激励机制运行的过程就是激励主体与激励客体之间互动的过程，也就是激励工作的过程。图1-2是一个基于双向信息交流的全过程的激励运行模式。

阿米巴激励机制运行模式，是从员工进入工作状态之前

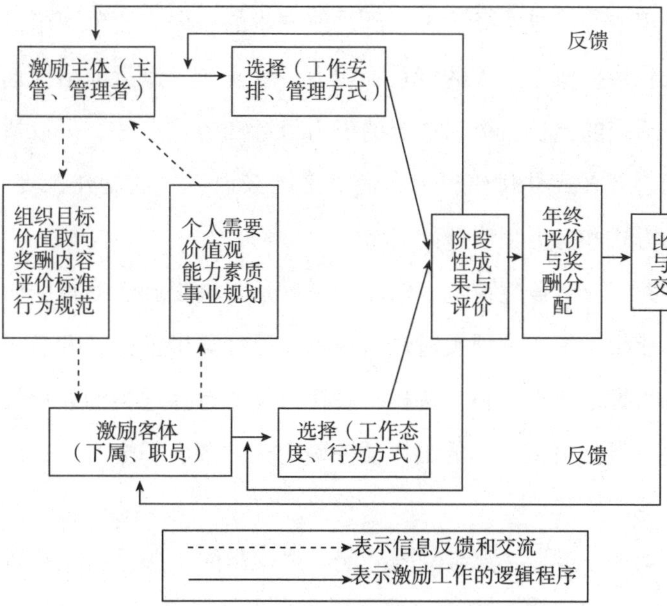

图 1－2　阿米巴激励机制的运行模式

开始的，贯穿于实现组织目标的全过程，故又称为阿米巴全过程激励模式。

这一激励模式应用于阿米巴经营管理实践中，可分为五个步骤，其工作内容分别如下：

第一，双向交流。这一步的任务是使阿米巴巴长了解员工的个人需要、事业规划、能力和素质等，同时向员工阐明阿米巴组织的目标、组织所倡导的价值观、组织的奖酬内容、绩效考核标准和行为规范等；而员工则要把自己的能力和特长、个人的各方面要求和打算恰如其分地表达出来，同时要把组织对自己的各方面要求了解清楚。

第二，各自选择行为。通过前一步的双向交流，阿米巴巴长将根据员工个人的特长、能力、素质和工作意向给他们安排适当的岗位，提出适当的努力目标和考核办法，采取适当的管理方式并付诸行动；而员工则采取适当的工作态度、行为方式和努力程度开始工作。

第三，阶段性评价。阶段性评价是对员工已经取得的阶段性成果和工作进展及时进行评判，以便阿米巴巴长和员工双方再做适应性调整。这种阶段性评价要选择适当的评价周期，可根据员工具体的工作任务确定为一周、一个月、一个季度或半年等。

第四，年终评价与奖酬分配。这一步的工作是在年终进行的，员工要配合阿米巴巴长对自己的工作成绩进行评价，并据此获得组织的奖酬资源。同时，阿米巴巴长要善于听取员工对自己工作的评价。

第五，比较与再交流。在这一步，员工将把自己从工作过程和任务完成后所获得的奖酬与其他人进行比较，以及与自己的过去相比较，看一看自己从工作中所得到的奖酬是否满意，是否公平。通过比较，若员工觉得满意，将继续留在原阿米巴组织工作；如不满意，可再与阿米巴巴长进行建设性磋商，以达成一致意见。若双方不能达成一致意见，契约关系将中断。

阿米巴全过程激励模式突出了信息交流的作用，划分了激励工作的逻辑步骤，可操作性强。

第二节　阿米巴激励原则和形式

一、激励机制设计的原则

阿米巴经营的成败与激励机制往往密不可分。阿米巴激励机制将最大限度地激发员工的工作动机和工作积极性。阿米巴组织应根据自身的特点，采取有效措施推进并不断完善物质激励与精神激励相结合的机制，即实行人才动态管理，激活阿米巴用人机制；建立灵活的分配激励机制、科学的考核激励机制与人才培养的激励机制；引入竞争淘汰机制。从而形成一个多层次的长效的各类激励政策、措施能够有机地结合在一起的有效激励机制，使其在企业的发展中发挥更大的作用。

根据柏明顿阿米巴经营管理咨询实践，实施阿米巴激励，应坚持以下原则：

1. 效率优先与兼顾公平原则

阿米巴经营模式以提升经营效率为核心，鼓励不断挑战与超越；同时需充分考虑不同项目、收入切割不准确，内部赔偿或不公平等客观情况，可由一级巴长进行适当调整，以体现公平原则；各级巴的公平性调整权限均限定为一级巴长。

2. 激励与约束相结合原则

将员工所得与集团整体利益紧密联系，将员工奖励与绩效紧密联系，将员工激励薪酬与经营的稳定性紧密联系。

3. 市场导向与业绩导向原则

激励方案充分参考市场惯例，保持一定的市场竞争力，同时被激励对象的奖金额度不仅与超额利润相关，而且与其绩效成长指标紧密相连。

4. 多劳多得与优劳优得原则

超额利润激励体现员工为实现超额利润付出的努力，多劳者多得；同时体现员工对集团的战略实施和效率提升的贡献，贡献大者多得。

5. 成本与效益相匹配原则

在激励员工不断进取，体现多付出多回报的同时，也需要按照成本效益相匹配的原则，符合公司财务支付能力的现状要求。

6. 整体与局部利益平衡原则

在进行激励时，既要考虑整个集团获利成长性，也要考虑事业部与个人的获利成长性，从而形成整体与局部利益平衡、集体与个人利益平衡。

7. 长期与短期利益平衡原则

本着所有经营体实现可持续性发展的原则，激励机制需充分考虑巴长的任期、层级不同等因素而设计按时间段进行分配的机制，以保持对巴长长期的激励性。

完善薪酬结构激励的长期性对留住员工来说意义重大。无论是阿米巴巴长还是普通员工，都应该被作为激励的对象。激励的手段可以根据实际情况多样化。例如对有突出贡献的技术人员和管理人员可以实行股票期权制，这就是一种长期激励的方式。在薪酬制度方面，企业要注意完善薪酬结构。完整的薪酬结构包括工资结构、奖金结构、福利待遇和激励制度。在福利待遇上，企业可以根据具体情况有所创新。对员工现实业绩与未来业绩的不同激励方式的对比如图 1－3 所示。

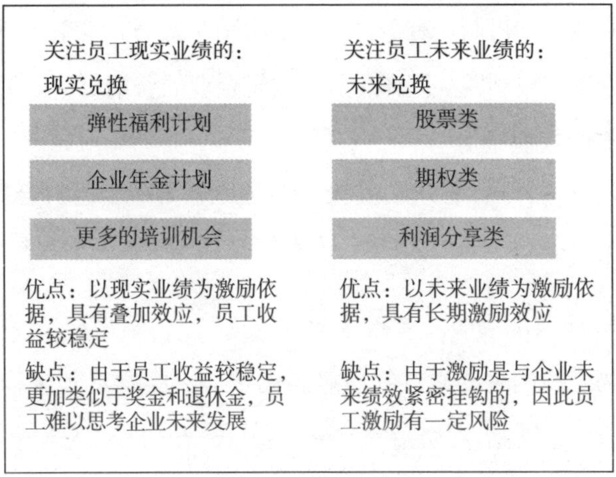

图 1－3　激励手段对比

8. 风险共担原则

由于激励采用管理会计原则进行核算，进行奖金核算与兑现时，既要体现现时管理需要，又要体现验收回款的潜在风险，这就需要集团与事业部共同承担未来的潜在风险。

思考：你对阿米巴激励原则的理解是什么？

二、企业常用的激励形式

1. 股权激励

股权激励是对员工进行长期激励的一种方法，属于期权激励的范畴。股权激励是企业为了激励和留住核心人才而推行的一种长期激励机制。有条件地给予激励对象部分股东权益，使其与企业结成利益共同体，从而实现企业的长期目标。具体的阿米巴股权激励方法，本书将在第四章详细讲解。

思考：阿米巴经营为什么要推行股权激励？你是否有进行股权激励的打算？

2. 物质激励

物质激励主要通过物质刺激的手段，鼓励员工工作，其主要形式包括工资、奖金、津贴等。

思考：你公司的物质激励有哪些？还有哪些待改进之处？

3. 目标激励

组织目标是通过各个群体以及个体的共同努力来实现的，目标具有引发、导向、激励的作用。阿米巴巴长可以将组织的总目标按阶段分解成若干个子目标，以此达到调动员工工作积极性的目的。

思考：如何进行目标激励，才能起到最佳效果？

4. 信任激励

阿米巴经营模式倡导“人人成为经营者”，阿米巴管理者只有信任每一位员工，帮助其树立自信心，才能最大限度地发挥其积极性和创造性，提升其绩效水平。信任激励是最持久、最“廉价”和最深刻的激励方式之一。

思考：阿米巴经营为什么需要信任激励？

5. 奖罚激励

阿米巴经营模式是全员经营、独立核算，通过奖罚激励，既可激励员工以饱满的精神状态投入工作，又可督促员工遵循经营管理规则。

思考：在你的公司中，如何对员工进行奖励？惩罚措施都有哪些？可取之处是什么，有待改善之处是什么？

6. 竞争激励

阿米巴经营模式的重要目标是“人人成为经营者”，企业在追求利益的同时也重视员工的幸福感，培养有经营意识的人才，调动员工的积极性。阿米巴是全员参与经营的，它离不开相应的激励机制。而阿米巴组织划分就是为员工提供机会，让员工能从经营者的立场出发，为经营好阿米巴组织而谋划。这需要企业给予一定的支持和权力，才能让员工感到被重视，与企业站在同一战线一起成长，从而在阿米巴之间形成良性的竞争。

竞争激励是阿米巴鼓励进步、鞭策平庸、淘汰落后的关键环节。管理者合理地运用竞争激励机制，让具有成就需要的人全身心地投入工作，并在竞争中获得成就感，将有利于阿米巴的创新和快速发展。

第三节 阿米巴激励的目的与组织职责

阿米巴激励的目的，主要是完善与阿米巴经营模式变革相适应的激励分配机制，规范企业内部各阿米巴业务单元与平台单位的激励行为，充分发挥各经营单元的经营能力与创造性，不断提升公司整体业绩与各业务单元业绩，建立基于价值创造的以超额利润分享为核心的激励机制，将员工激励与集团、阿米巴经营效益结合起来，从而最终实现集团公司的可持续发展。

一、阿米巴激励的实施原则

阿米巴激励的实施原则，主要有如下几点内容：

（1）指标体系多维度平衡原则：经营指标和非经营指标的平衡，短期业绩指标和长期发展性指标的平衡。

（2）增量分享原则：对超出年度经营指标之外的增量业绩部分给予奖励。

（3）超额分段累进计提原则：对增量业绩部分分段进行超额分享奖励。

二、阿米巴激励的实施导向

1. 以经营目标完成为奖励基础，以目标超额完成分享奖励为主导

阿米巴奖金，以完成集团公司下达的经营净利润目标为奖励基础；利润目标超额完成部分加大分享比例，以引导各级阿米巴努力做大增量；职能部门奖金关联整体阿米巴奖金。

2. 增量分享分段累进计提

增量分享部分根据经营目标实际超额区间分段累进计提。

3. 二次分配权力

阿米巴奖金二次分配方案，在集团公司原则指导下按照本机制规定由阿米巴自行决定，但需上报阿米巴领导小组审核同意后执行，同时抄送集团人力资源中心备案。

三级阿米巴巴长奖金按季度当期发放，二级巴长和一级巴长奖金实行延期支付方式。

三、组织与职责

集团公司董事会负责制定与修订阿米巴激励制度。

集团公司总经理负责审批事业部或平台激励方案，对事业部激励方案的调整进行审批决策。

集团财务管理中心：确认各业务单位外部收入数据，确定审批各经营单位的经营净利润额、验收单回单率、奖金发

放比例等。确认各平台单位的预算费用、预算完成等数据，并对利润额、应发奖金数据负责。

集团人力资源中心：负责组织拟定集团阿米巴激励机制规范，组织监督落实，对各单位激励人员资格进行复核，确认符合公司人力资源相关政策，对“试、事、病、转”的时间进行复核，并负责组织拟定年度事业部激励方案、平台部门激励方案。

集团企管信息中心：负责对各阿米巴团队激励方案存在争议时进行调查、核实，组织仲裁，该仲裁结果对各方均具有约束力。

各级阿米巴巴长：负责组织拟定本巴团队激励方案，由一级巴长组织审批本巴二级及以下各巴激励方案。

四、阿米巴激励的管理流程

第一，集团财务管理中心组织拟定各阿米巴与平台单位激励方案并测算确定总奖金金额、事业部奖金金额、风险基金比例、应发奖金比例、一级巴长奖金金额等，完成后形成年度激励执行方案上报总经理、董事长组织审批。

第二，各巴长需组织拟定本巴的团队激励方案，报人力资源中心复核人员资格、企管信息中心复核方案合规性后，由一级巴长审批报财务管理中心、企管信息中心、集团总经理备案执行。

第三，对激励方案以及经营报表中的数据，可由审计部不定时进行过程或结果审计，如有数据误差，最后以审计部确认的数据为准。

操作

设计阿米巴激励的管理流程图。

第四节　阿米巴经营体激励机制

集团公司对阿米巴激励采用目标利润法，其计算公式如下：

阿米巴激励奖金 = 目标达成奖金 + 超额激励奖金

一、目标达成奖金

目标达成奖金，是指阿米巴完成利润目标获得的激励奖金。

（1）计算公式：

$$目标达成奖金 = \frac{事业部年度实际基本工资和}{12} \times 利润目标完成百分比$$

（2）目标设置：集团根据各阿米巴发展阶段、各阿米巴面临的市场竞争等将集团以下各阿米巴分成四类，每个类别阿米巴按照表 1－2 中的目标每年执行新的利润目标。

操作

具体分类与目标设置见表1－2：

表1－2　阿米巴分类与目标

阿米巴类别	净利润增长目标/%			
	5	10	20	30
A类阿米巴				
B类阿米巴				
C类阿米巴				

注：

A类阿米巴：公司主业阿米巴，发展趋势稳定，行业发展处于平稳期。

B类阿米巴：公司重要阿米巴，已发展多年，行业发展较为成熟，但由于规模不大，仍存在一定发展空间。

C类阿米巴：公司新兴阿米巴，起步晚，已有一定营收规模，但面对较大市场、行业仍有较大发展空间。

（3）目标奖金核算规则：

第一，目标利润达成率达到80%（含）以上，才享有目标奖。

第二，当核算超额激励奖金时，目标奖金按照100%完全核算到事业部奖金池中。

第三，在采用员工基本工资进行核算时，应采用本规则规定具有资格人员的工资进行核算。

二、超额激励奖金

超额激励奖金是指事业部在完成利润目标的基础上，超额完成目标后获得的激励奖金。

超额激励奖金核算规则：

（1）超额激励奖金产生的前提条件是，在完成当年度净利润目标的基础上有超额利润。

（2）超额激励奖金采取分段累进计提方式进行核算，即分段提取、超额累加。

（3）超额激励奖金按年度核算，核算后应确保集团利润增长率不低于事业部人均收入增长率。

（4）原则上增量提取系数最大不超过50%，如需特别调整，应由集团总经理组织进行决策调整。

（5）达到激励调整条件时，经财务管理中心测算、集团总经理决策审批后可进行调整。

思考：你对超额激励奖金的理解是什么？

第五节　阿米巴激励规则

在阿米巴经营咨询实践中，我们制定了阿米巴激励规则，主要有事业部激励规则、平台管理者激励规则、激励奖金兑现规则等内容。

一、事业部激励规则

事业部激励规则，主要有如下几点：

（1）各级巴长或平台负责人缺位时，其激励奖金可用于本巴（平台）内部进行分配。

（2）由于受到集团或事业部处罚而被剥夺享受激励奖金权限的，激励奖金转存到事业部调节奖金池。

（3）事业部各级巴长在任内出现违反国家法律法规、公司规定等重大为违法违纪情形时，需要立即终止巴长职务，其未分配奖金需转存到事业部调节奖金池中。

（4）一般情况下，不调整二级以下各巴的利润目标；一级巴长可通过调整外部收入切割的比例来进行调整，或通过“事业部调整收入”一项进行公平性调整。

（5）当事业部进行新业务注入或剥离相关业务，拆分或合并时，可对阿米巴的外部收入切分规则进行调整。

（6）事业部设立保底5%～10%的调节奖金池，用来调整个别阿米巴的非经营性亏损下的激励，或者用于事业部在整体不盈利的情况下的普惠型激励；事业部调节奖金池只有一级巴长有分配权，其他各级巴长只有建议权。

（7）巴长任期3年。第一年经营亏损时，可由上一级巴长选择主动更换巴长，但不强制更换；当连续两年亏损时，其巴长任期强制自动终止，在集团内另外培训上岗。

（8）事业部二级及以下巴长职位原则上采用竞聘制，特殊情况下采用任命方式时，应报经营管理部审核，总经理批准。

二、平台管理者激励规则

企业平台管理者激励规则，主要有如下几点：

（1）预算巴享受集团激励奖金的前提条件是：本巴年度预算完成率不能超过100%。

（2）预算巴享受本巴节约奖金的前提条件是：除节约科目以外的其他所有科目预算完成不能超过预算目标。

（3）各级预算巴巴长缺位时，其激励奖金中的关联激励奖金不用于本巴（平台）内部分配，收归集团；但预算巴节约的奖金可用于本巴人员的分配。

（4）按有关规定由集团剥夺享受激励奖金权限的，激励奖金收归集团。

（5）预算巴巴长在任内出现违反国家法律法规、公司规定的重大违纪情形时，需要立即终止巴长职务，其未分配奖金自动收归集团。

（6）预算巴预算目标经审批调整后，则按新目标衡量其预算完成率，不影响其应得激励。

（7）巴长在任期内属于正常工作调整，其未发激励奖金按兑现规则正常兑现。新任巴长从其担任巴长的第一个整月开始核算其相应的奖金，但新任巴长需符合本规定要求的享受激励资格人员的条件。

（8）预算巴巴长第一年预算目标超过10%时，可由上一级巴长选择主动更换巴长，但不强制更换；当连续两年超过10%时，其巴长任期强制自动终止，在集团内另外培训上岗。

（9）预算巴二级及以下巴长职位采用聘任制，可按公司人力资源有关制度执行。

三、激励奖金兑现规则

激励奖金兑现规则，主要有如下几点：

（1）以员工大会形式进行现金兑现，直接兑现到个人。员工大会每年度举行一次，上一年度的应发奖金符合兑现规则部分应在第二年度第一季度完成现金兑现。

（2）各事业部阿米巴实际发放的激励奖金，应按照当年项目验收单回单占比进行发放，发放时机为回单占比达60%、80%、100%，未达到这三个比例可不予发放。

（3）各预算阿米巴实际发放激励奖金应发比规则：集团

关联激励奖金应按照当年项目验收单回单总占比进行发放，发放时机为回单占比达60%、80%、100%，未达到这三个比例可不予发放；预算巴节约奖金可直接进行发放。

（4）各级事业部阿米巴巴长非正常结束任期时（辞职、辞退、开除、其他非正常解除劳动合同等），所有未发的剩余比例奖金均不予发放，存入该事业部调节奖金池中。

（5）各级预算巴巴长非正常结束任期时（辞职、辞退、开除、其他非正常解除劳动合同等），所有未发的剩余比例奖金均不予发放，集团自动收回。

（6）由于数据作假而产生的激励奖金，一旦核实，除重新核算外，直接负责人需调整岗位，当年度应享受的激励奖金均不能享受，巴长的奖金（包括事业部与预算巴）由集团收回。

（7）各级阿米巴巴长任期结束时需要进行离任审计，审计合规后，剩余比例可按规定时间发放；如任期内发现作弊或作假等行为，已获取不当奖金部分，由集团收回，集团保留追究法律责任的权利。

（8）巴长在任期内属于正常工作调整，其未发激励奖金按兑现规则正常兑现；新任巴长从其担任巴长的第一个整月开始核算其经营业绩以及分享相应的奖金。

（9）当一个阿米巴巴长兼两个或两个以上巴长时，部分奖金可按从高原则选取一个较高比例获取。

操作

设计你公司的阿米巴激励规则。

第六节　阿米巴激励分配方案

阿米巴激励分配方案，主要包括定对象、定模式、定来源、定目标、定数量、定兑现和定机制等方面的内容，以及激励方案调整机制等。

一、阿米巴激励方案设计、操作和管理

阿米巴激励方案分为设计层面、操作层面、管理层面三个部分如图 1－4 所示。

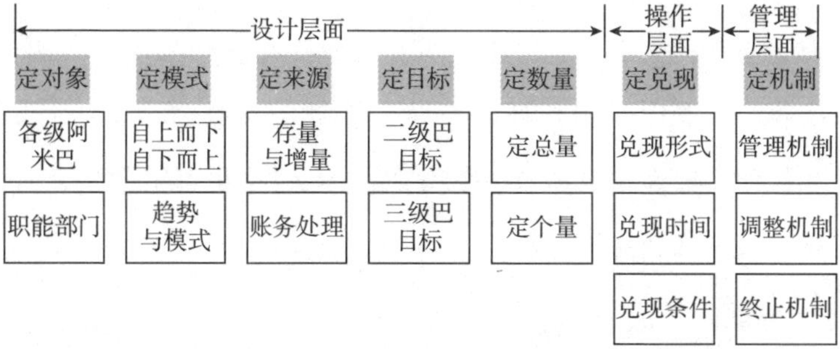

图 1－4　阿米巴组织的激励分配方案

1. 定对象

定对象，即确定激励的对象，包括各级阿米巴和职能部门。

操作

填写激励对象（见表1－3）。

表1－3　确定激励对象

序号	激励对象				非激励对象（不适用范围）
	一级阿米巴	二级阿米巴	三级阿米巴	职能部门	
1					1. 临时聘用人员。 2. 未过试用期人员。 3. 有违纪记录按规定不享受激励的人员。 4. 计件人员
2					
3					
4					

2. 定模式

定模式，即确定激励的模式。在激励设计方向上，是从上至下、从下至上，还是两者结合；在总趋势控制方面，奖金总额占比是增长还是下降；在测算方法（模式）上，主要有阶梯递增、阶梯递减、统一比例和薪点倍数等。如图1－5～图1－7所示。

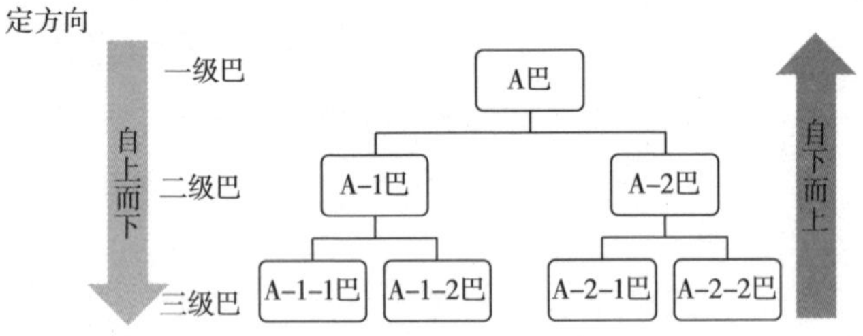

图1－5　阿米巴激励模式定方向

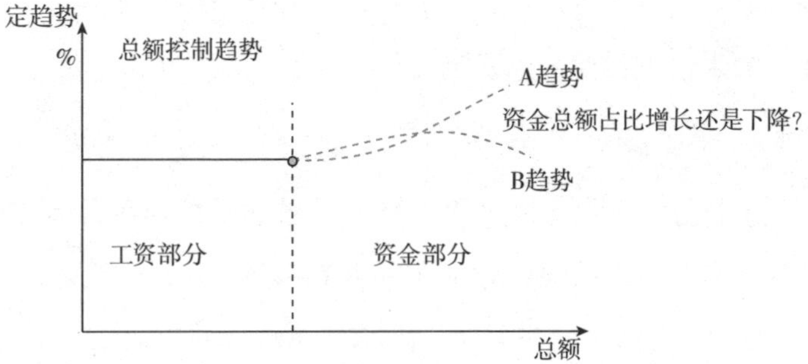

图1-6 阿米巴激励模式定趋势

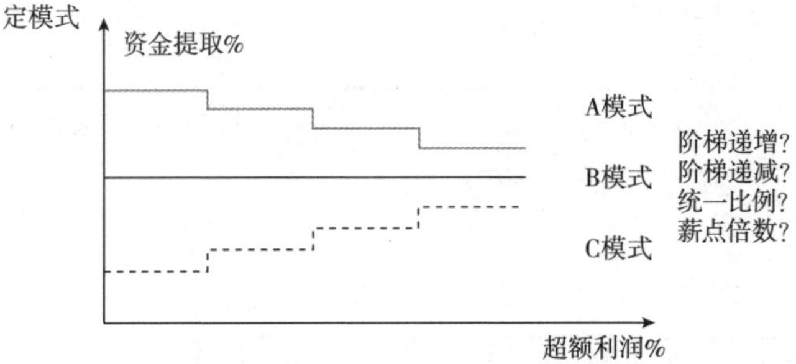

图1-7 阿米巴激励模式定模式

3. 定来源

定来源，主要包括增量（超额利润）、存量（原有奖金）、奖金是否计入巴内成本。增量分享，主要是阿米巴超额奖金，基于阿米巴净利润超过预算目标的奖金激励，是集团公司提供给实施阿米巴的事业部的超额奖励。存量分享，主要是阿米巴目标达成奖，基于阿米巴净利润达成底线目标的奖金激励，是集团公司提供给实施阿米巴的事业部的基础性奖励。奖金是否计入巴内成本，主要根据由公司支付奖金还是阿米巴支付奖金来确定。

4. 定目标

定目标，即制定阿米巴激励所要求的目标，在目标完成基础上有利润即按规定分享（见表1－4）。

表1－4 确定激励目标

序号	阿米巴类别	目标定义	年度净利润目标	备注
1	一级阿米巴			阿米巴完成底线目标。 在目标完成基础上有利润即按规定分享
2	二级阿米巴			
3	三级阿米巴			

成果1 利润考核目标设定

目标设定

序号	项目	单位	阿米巴单元	增长率
1	2022年利润考核目标（底线）	万元		
2	2023年利润考核目标（底线）	万元		
3	2023年利润考核目标（挑战）	万元		
4	2023年利润考核目标（冲刺）	万元		

前提条件

序号	奖金名称	前提条件	年度净利润目标
1	阿米巴超额分享奖	完成预定经营目标； 经营责任类指标超过70分	
2	职能部门支持服务奖	绩效考核超过80分； 为利润巴提供满意的服务	

5. 定数量

阿米巴激励方案中的数量重点包括总资金金额控制、增量提取额测算、人均利润额控制、团队奖励金额控制与个人奖励金额控制，如图 1－8 所示。

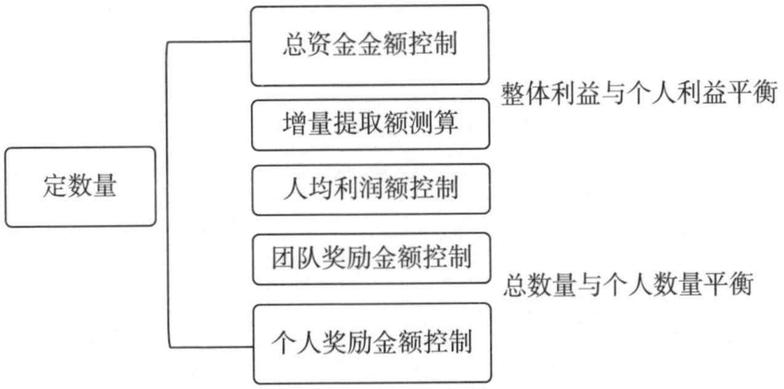

图 1－8　阿米巴激励方案定数量

阿米巴奖金发放时，根据对象的不同划分为一级巴长奖金、二级巴长奖金、三级巴长奖金、职能部门员工奖金以及调节基金等，具体内容见表 1－5。

表 1－5　阿米巴奖金类别

序号	阿米巴类别	提成比例/%	备注
1	一级阿米巴巴长	10	
2	二级阿米巴巴长	15	
3	三级阿米巴巴长	20	
4	巴员	45	利润巴成员
5	职能部门	5	非利润巴
6	调节基金	5	总经理调节使用

6. 定兑现

定兑现包括确定兑现形式、兑现时间和兑现条件等，如图1－9所示。

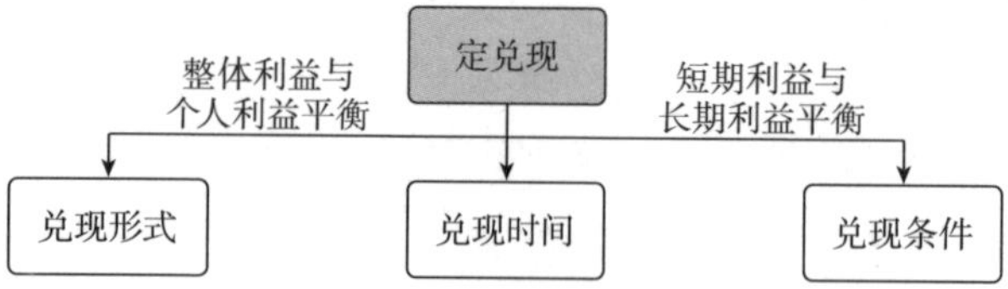

图1－9　阿米巴激励方案定兑现

兑现周期：各事业部与平台建议以年度为周期兑现。

兑现时间：建议每个季度内完成上季度奖金兑现。

兑现形式：包括现金、工资和股权；建议以大会形式进行现金兑现，可直接兑现到个人。

兑现条件：完成底线目标、与经营能力指标关联、与协同能力指标关联、与绩效指标关联。

【示例】各级阿米巴巴长激励奖金兑现时间可按表1－6执行。

表1－6　各级阿米巴巴长激励奖金兑现时间

巴长级别	奖金发放年度		
	第一年应发额/%	第二年应放额/%	第三年应发额/%
一级巴长同级平台负责人	70	20	10
二级巴长同级平台负责人	80	20	/
三级巴长同级平台负责人	90	10	/
普通巴员	100	/	/

7. 定机制

定机制除了将前6个要素形成制度，还需制定调整、退出等机制，如图1－10所示。

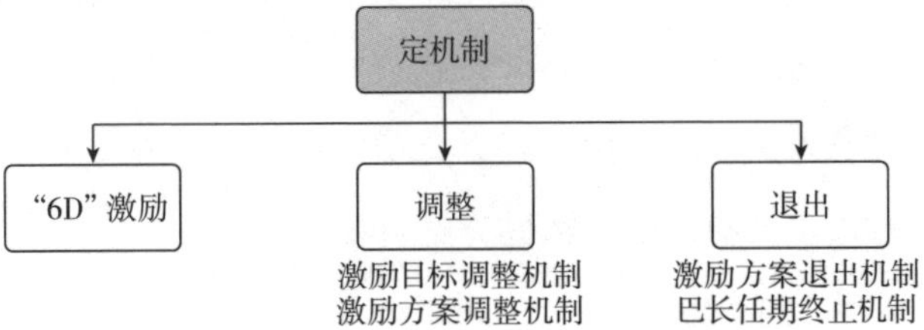

图1－10　阿米巴激励方案定机制

二、激励方案调整机制

第一，阿米巴激励方案调整条件。

目标检视线。对年度净利润目标进行半年度检视，综合考虑行业竞争态势、外部环境、规模、追加投资等情况。

目标调整。年度目标检视，当外部环境、行业态势发生重大变化而导致事业部半年度实际净利润比目标净利润低40%时，经总经理批准，可对当年目标净利润值进行调整。

业务注入或剥离。当事业部进行新业务注入或剥离相关业务时，可对目标利润值进行调整。

二级巴目标调整。二级以下巴的目标制定权与调整权均在一级巴长手中，但需在经营管理部备案。

第二，阿米巴激励方案退出条件。

不可抗拒条件。由于法律、政治、自然环境、意外灾害等原因造成经营体无法经营时，激励方案自动失效。

自身重大问题。由于发生重大安全或重大质量事故，无替代方案时，激励方案自动失效。

经营人员问题。由于经营人员发生重大变化，而且超过两个月以上没有巴长，激励方案自动失效。

经营政策调整。由于公司重大业务或政策调整，或战略性亏损超过20%，可以申请调整激励方案或申请暂停激励。

操作

根据如上步骤，设计阿米巴激励方案。

第七节 阿米巴激励的目的与组织职责

一、阿米巴巴长的激励

（一）主要方法

> 阿米巴巴长的激励方法，体现在以下方面：
>
> （1）以阿米巴巴长为核心，进行独立核算和自主经营；
>
> （2）以人为本，信任阿米巴巴长的经营能力；
>
> （3）唤醒阿米巴巴长的激情和梦想；
>
> （4）玻璃般透明的经营原则，让阿米巴巴长身先士卒地实践。

阿米巴并不把考核结果和个人以及团队的收益挂钩。阿米巴的奖励是让做得好的巴长得到提升，承担更大的责任，有更大的事业舞台。

阿米巴经营模式的业绩核算，主要针对经营效果和员工的努力成果，而业绩核算的意图是激励员工，以培养与企业家理念一致的经营人才为最终目的。通过阿米巴经营可以达到三个目的：第一个目的是“确立与市场挂钩的部门核算制度”；第二个目的是“培养具有经营者意识的人才”；第三个目的是实现“人人成为经营者”。

（二）阿米巴巴长激励操作要点

1. 明确阿米巴巴长的权限

公司由多个独立核算的阿米巴来经营，各个阿米巴组织就像是一家家中小企业，在保持活力的同时，以“单位时间核算”这种独特的经营指标为基础，充分发挥每一个员工的智慧，追求附加价值的最大化。

在竞争日益激烈的产品和有偿服务市场中，企业面临的最大挑战就是如何快速地扩大企业规模，如何让公司品牌具有更强的市场竞争力和更高的知名度。如果每一个阿米巴组织的规模都能够快速地扩大，公司的规模自然就扩大了。所以，公司要把每一个阿米巴当成一个小的公司来经营，这就要求阿米巴巴长具有独立核算和经营的意识。

企业需要确定阿米巴巴长的权限（决策权），如人事组织权限、财务权限、业务权限等。阿米巴巴长就会树立起经营者的意识，进而增强作为经营者的责任感，尽可能地努力提升业绩。

2. 实行信任激励

阿米巴经营是从公司内部选拔阿米巴巴长，并委以经营重任，从而培养出更多具有经营者意识的人才。

阿米巴经营模式的基础在于对阿米巴巴长的信任。相信阿米巴巴长的能力，把经营建立在互相信任的基础上，这是实现阿米巴经营最基本的条件。

阿米巴模式的一个重要特点是“充分授权”。在阿米巴模式中，充分授权的最终目的其实在于培养阿米巴巴长，激发每个员工的创业热情，挖掘员工的企业家精神。在“人人成为经营者”的理念中，员工必定会感到备受尊重，从而将毕生的智慧与心血投入到自己的事业中去。

3. 精神激励：唤醒阿米巴巴长的激情和梦想

一个人只有真正想去做一件事情的时候，才能产生无穷的力量。要想成就一番事业，首要的就是有激情，只有胸怀激情的人去努力才能取得成功。而阿米巴的经营模式核心就在于唤起每位员工心中的创业激情与企业家精神。

要想唤醒阿米巴巴长的激情和梦想，企业必须拥有远大的战略目标，而企业文化必须能够引起阿米巴巴长、员工的共鸣，这是一个非常好的开始。阿米巴经营模式意在最大限度地释放员工的创造力，把大公司的规模和小公司的好处统揽于一身。公司制定出长远的战略发展目标，再制定出阿米巴的经营目标，把大家的力量凝聚在这个目标上，让阿米巴巴长按月进行核算管理，最终完成年度总经营目标。

二、阿米巴团队的激励

（一）主要方法

阿米巴团队的激励方法，体现在以下几个方面：

（1）实现全员参与的经营，人人成为经营者；

（2）通过单位时间核算，员工们乐于互相竞争；

（3）超越家庭的大家庭主义；

（4）调动阿米巴员工的积极性，激励员工主动、积极地工作。

阿米巴经营就是以阿米巴巴长为核心，让其自行制订各自的计划，并依靠全体成员的智慧和努力来完成经营目标。通过这样一种做法，一线的每一位员工都能成为主角，主动参与经营，进而实现“人人成为经营者”。

（二）操作要点

1. 实现全员参与的经营，人人成为经营者

阿米巴组织要激励每一个员工在各自的工作岗位上为自己所属的阿米巴组织做出贡献，为了阿米巴的发展而齐心协力地参与经营，并且在工作中感受人生的意义和成功的喜悦，实现“全员参与的经营，人人成为经营者”。

2. 通过单位时间核算，员工们乐于互相竞争

在阿米巴经营模式中，虽然单位时间核算并不能直接与

薪酬挂钩，但阿米巴员工们却乐于互相竞争，为了实现阿米巴经营目标，不怕被考核，反而在完成经营目标的过程中感受到无穷乐趣。在这样的情况下，这样的员工已经完全成为工作的主人了。

由于阿米巴巴长拥有人事组织权限、财务权限、业务权限等，为了完成经营目标，他们常常需要自主、迅速地做出判断。在这样的模式下，阿米巴巴长都具有企业家的气质。

3. 超越家庭的大家庭主义

阿米巴经营模式要求有“大家庭主义”。在阿米巴组织这样的大家庭里，每个员工都是家庭成员，尊重员工就是尊重自己。

阿米巴经营的单位时间核算制度，同样是以家庭记账模式进行的，简单到让人觉得就像在家里记账一样，让员工产生亲近感。每个阿米巴组织都像一个家庭，而企业就像一个更大的家庭。在这样的家庭背景下，每个员工都有为了“大家庭”的长盛不衰而努力的动力和责任感。每个员工都会产生“经营者”的心态，而不会有“打工者心态”。

4. 调动阿米巴员工的积极性，激励员工主动、积极地工作

在一些导入阿米巴经营模式的企业，每位员工如果完成超出预定目标的工作量就会得到额外奖励，以此调动阿米巴员工的积极性，激励员工主动、积极地工作。这样，团队成员对阿米巴管理模式的态度、工作面貌和关注重心都发生了

明显的变化。

案例1

柏明顿有一家客户，这家公司主要研发和生产电子产品。该公司通过导入阿米巴经营模式，调动阿米巴员工的工作积极性。当员工的主动性和积极性被极大地调动起来后，工作方式得到改善，开始从用户的角度思考问题，服务态度更加主动。

阿米巴组织在为用户提供服务的过程中，团队成员会主动与用户沟通。日常注重避免漏单等情况的发生，尽力减少漏单，并及时进行补单。无论一线服务台还是二线现场团队，都开始从初期的不知所措，变得开始欢迎、拥抱阿米巴模式。阿米巴模式正在成为提升服务质量和效率的动力，用户体验值也得以明显提高。

同时，阿米巴巴长不再仅仅盯着实施团队的管理和监控，而是会从用户的角度思考出现的问题和故障，从用户的角度考虑如何提升服务质量。员工从以前仅关注解决率、解决时间等指标，转向关注用户服务的体验值和解决率。

阿米巴团队激励
AMOEBA

第二章

阿米巴薪酬设计

激励机制能够让员工发挥出最佳的潜能，为企业创造出更大的价值。激励的方法很多，但是薪酬可以说是一种最重要、最易使用的方法。它是企业对员工给阿米巴所做贡献的相应回报和答谢。在员工的心目中，薪酬不仅仅是自己的劳动所得，它在一定程度上代表着员工自身的价值、阿米巴对员工工作的认同，甚至还代表着员工个人的能力和发展前景。

长期激励报酬方案诸如持股计划、期权计划和利润分享等，将人力资本的薪酬与阿米巴绩效相联系，可作为年度现金报酬的补充。

本章目标

1. 理解：各阿米巴巴长工资设计。
2. 掌握：三三制薪酬设计。
3. 掌握：期薪激励。

形成成果

1. 人力成本统计与分析。
2. 人工成本对比。

扫码购买配套精品课程

第一节　各阿米巴巴长工资设计

一、确定阿米巴工资率

阿米巴工资率 = 工资总额① ÷ 销售额②

其中，①工资总额 = 阿米巴巴长的工资 + 阿米巴全体员工的工资 + 全员福利；

②销售额 = 阿米巴的实际销售收入。

其中，工资的内涵科目界定如表2－1所示：

表2－1　工资详细科目界定

项目	员工分类	
	直接人员	间接人员
员工范围	直接在制造车间从事生产工作的人员	除直接人员以外的所有员工，包括阿米巴巴长，以及行政、销售、技术、生产管理等人员
工资科目	固定工资、计件工资、绩效奖、加班费、夜餐补贴、生活补助、退房补贴、特殊岗位补贴、工龄奖、月度奖金、全勤奖、品质奖、其他补贴	固定工资、绩效奖、加班费、生活补助、夜餐补贴、月度奖金、其他补贴
福利科目	社保费用、强制性公积金、住房公积金、公司活动费、补偿金、工伤医疗费、培训费（资料费 + 出差费 + 内部会务费）、招聘费用（仅限子公司）	

二、各阿米巴巴长的工资结构

1. 现行工资结构情况说明

$$年薪总额 = \sum_{1\sim12月} 固定月薪 + 年终红包或提成$$

2. 新的工资结构

推行阿米巴后，将统一所有阿米巴巴长的工资结构，计算公式如下：

阿米巴巴长年薪总额 = $\sum$ 固定月薪 + 阿米巴年度效益奖金的个人部分

3. 新的工资结构说明

（1）现行阿米巴$_{1\sim12月}$巴长固定月薪金额及发放方式以当年平均月薪为准，任期 3 年内不变；

（2）年终红包、年终提成不再单独发放，计入阿米巴$_{1\sim12月}$年度效益奖金总额预算之中。

第二节　三三制薪酬设计技术

阿米巴的薪酬设计，主要参考柏明顿开发的三三制薪酬设计技术。如图 2 – 1 所示：

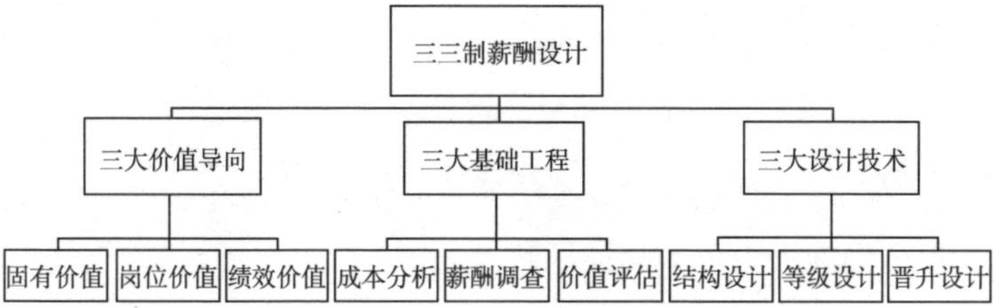

图 2 – 1　三三制薪酬设计

一、三大价值导向

（一）固有价值

固有价值也称“个人价值”，即员工本身所具有的价值，不易随着服务对象、岗位的变化而发生太大的变化，它主要包括学历、专业、职称、工龄、人才来源地等方面。企业要尊重员工的固有价值部分，承认一个人的固有价值，即承认一个人对未来有积极影响的过去。这些固有价值在整体的薪酬设计结构方面应该占有一定的比例。企业想要长期发展，就要进行战略性的人力资源管理，而薪酬制度是战略性人力资源管理的前提。

（二）岗位价值

岗位价值也称“使用价值”，即把一定量固有价值的员工安排在某一特定的岗位上，而岗位的职责与特征是决定员工所能做出的贡献大小的基础平台。从理论上来讲，岗位价值不会因为担当该岗位的责任制的不同而发生变化，它是一个相对静态的价值系数。

（1）当个人价值大于岗位价值时，就会出现：

⊙人才浪费，或英才变成庸才；

⊙增加人力成本，或导致人才流失。

（2）当个人价值小于岗位价值时，就会出现：

⊙员工无法全面履行职责；

⊙员工勉强履行职责，但质量或绩效不高；

⊙企业对该岗位的期望大大降低。

所以，阿米巴在招聘的时候，就要考虑到使个人价值与岗位价值尽量匹配，不要造成人才的浪费或是不胜任岗位，这也是科学设计薪酬体系的前提。而通过合理地评价岗位价值而设计的岗位薪酬标准，不应该因为应聘该岗位人员的肤色、年龄、性别等外在因素而改变太多。

（三）绩效价值

绩效价值，即员工在某一特定岗位上为企业创造的价值，并且这个价值值得企业发起购买行为。因为从雇佣关系的意义上来讲，员工其实也是一种商品，只不过阿米巴所购买的不是员工的身体，也不是学历、专业、职称等固有价值，而是员工在工作期间运用固有价值所创造出来的绩效。

三大价值导向为阿米巴进行人才招聘和薪酬设计提供了理论依据和科学的解释。

思考：设计阿米巴薪酬制度，如何体现出三大价值导向？

三大价值导向的关系如图 2－2 所示。

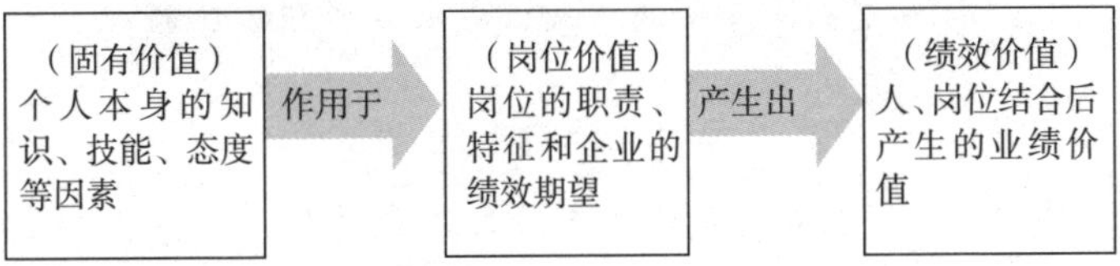

图 2－2　三大价值导向的关系

二、三大基础工程

（一）成本分析

在这里，本节主要进行人力成本分析。

1. 什么是人力成本分析

要进行人力成本分析，就需要知道人力成本的内容。

（1）从概念上来讲，人力成本分为三个部分：

⊙标准工作时间的员工标准所得（主要是工资部分）；

⊙非标准工作时间的企业付出（通常所说的福利部分）；

⊙人力成本的开发部分（包括内部开发和外部开发。内部开发主要指培训，外部开发主要指招聘）。

（2）进行人力成本分析的目的一般包括：

⊙帮助企业设计能招到人的工资标准；

⊙分析人力总成本的合理性；

⊙预算和控制薪资总额或总比例（人力成本率）；

⊙有目标性地提高人均效益，降低人力成本率。

（3）人力成本率的计算公式：

人力成本率＝当期总人力成本÷当期销售额

2. 确定人力成本与销售额的关系

人力成本占销售额的比例多大才合理呢？不同的行业、企业，或者某一个企业在不同阶段该比例都会有一定的变化，但这个变化是有规律的。我们通过若干时间的数据就可以得到一个常数，这个常数的变化不会太大。

所以，人力资源管理者经常要做的一件事情，就是注意收集有用的相关数据，把两年以前或者三年以前的数据与现在进行对比，有进步就是好的。

3. 人力成本分析的方法

（1）历史数据推算法。

计算人力成本率的方法较多，但比较常见的就是运用历史数据推算法得出人力成本率这个常数，因为它比较简单。

（2）损益临界推算法。

⊙由财务部计算出公司损益临界点：

损益临界点 = 固定成本 ÷ 临界利益率

临界利益率 = 临界利益 ÷ 销售额

临界利益 = 销售额 − 变动成本

⊙统计出现在临界点时的人力成本。

⊙计算人力成本率：

人力成本率 = 临界点的人力成本 ÷ 临界点的销售额

（3）劳动分配率推算法。

劳动分配率 = 人力成本 ÷ 附加值

附加值 = 销售额 − 购入值（材料 + 外加工费）

附加值率 = 附加值 ÷ （销售额 − 附加值）

人力成本率 = 附加值率 × 劳动分配率 = 人力成本 ÷ 销售额

4. 人力成本分析的比例

（1）总人力成本与销售额的比例，见表 2－2。

表 2－2　总人力成本与销售额的比例（供参考）

企业规模/人	（总人力成本/销售额）/%
5000 及以上	11
1000～4999	12
300～999	13
100～299	14
30～99	15
平均值	13

（2）人力成本构成及比例，见表2－3。

表2－3　人力成本构成及比例

<table>
<tr><th colspan="2">项目</th><th colspan="5">成本占比</th></tr>
<tr><td rowspan="2">基本工资</td><td>职务工资</td><td rowspan="8">标准工作时间内工资，占60.5%</td><td rowspan="12">每月支付工资总额87.5%</td><td rowspan="16">支付费用总额100%</td><td rowspan="8">假设为100%</td><td rowspan="19">总人力成本</td></tr>
<tr><td>职能工资</td></tr>
<tr><td rowspan="6">各种津贴</td><td>职务津贴</td></tr>
<tr><td>眷属津贴</td></tr>
<tr><td>地域津贴</td></tr>
<tr><td>住房津贴</td></tr>
<tr><td>交通津贴</td></tr>
<tr><td>环境津贴</td></tr>
<tr><td colspan="2">加班费</td><td rowspan="3">工作时间以外工资占8.5%</td><td rowspan="11">上面假设的70%</td></tr>
<tr><td colspan="2">值日津贴</td></tr>
<tr><td colspan="2">临时津贴</td></tr>
<tr><td colspan="2">奖金</td><td>18.5%</td></tr>
<tr><td colspan="2">离职补偿</td><td>2.5%</td><td rowspan="4">其他支付12.5%</td></tr>
<tr><td colspan="2">法定福利</td><td>5%</td></tr>
<tr><td colspan="2">法定外福利</td><td>3%</td></tr>
<tr><td colspan="2">其他</td><td>2%</td></tr>
<tr><td rowspan="3">与销售额挂钩费用</td><td>招聘费用</td><td colspan="2" rowspan="3">变数太大，因各企业情况而异</td><td rowspan="3">消耗费用</td></tr>
<tr><td>培训费用</td></tr>
<tr><td>其他费用</td></tr>
</table>

（二）薪酬调查

薪酬调查的主要作用是确保薪酬的外部竞争力，解决企业应该设计怎样的工资标准才能招到人的问题。

有一种十分简单而又非常经济、有效的方法——利用招聘的机会进行薪酬调查。

首先，设计好一份实用的表格。

其次，公布招聘的职位。招聘广告上列出企业所想了解的每个岗位的名称及职责。

（三）价值评估

1. 岗位评估

我们要制定科学合理的薪酬制度，绝对不要只看岗位的固有价值。薪酬的调升主要的决定因素是本人绩效的提升。

第一，评价指标体系的建立。

岗位评价不但要明确岗位状况和工作量的差异，还要满足企业人力资源管理基础工作的需要，促进人力资源管理工作的发展。因此，必须在决定工作岗位、工作状况和工作量的众多因素中，选择合适的因素，进行全面、科学的评价。

第二，评价的操作。

岗位评价的实施一般都是通过一定的标准，对所有岗位的内部比较价值进行评分，并根据价值分数的高低进行排序。

常用的岗位评价方法主要有排列法、分类法、评分法、因素比较法、国际标准职位评价系统（ISPES）、海氏职位评估系统等。

第三，评价结果数据的处理。

通过岗位评价的测定和评定工作，会得到大量的原始数据。必须对这些数据进行处理和计算，才能得到评价结果。正确地进行数据处理和计算，是取得科学评价结果的重要保证。

第四，评价数据的计算方法。

评价数据的计算，包括劳动强度和工作环境各因素测定数据分级的计算，工作责任、工作技能各因素评定等级的计算以及岗位综合评价的计算。如果评价岗位很少，可以采用人工计算；若分级岗位过多，应使用计算机进行数据处理和计算。

2. 能力素质评估

（1）模型建立的作用。

企业需要构建能力素质模型来对所有岗位的员工，包括对服务同一类岗位的不同人员进行评价，而且这个评价的结果将成为他们报酬的核心因素。

（2）模型建立的程序：

①定义绩效标准。根据企业发展战略及各类岗位的要求，界定各类岗位绩效优劣的标准。

②选取分析样本。

③获取有关能力素质的数据资料。

④建立能力素质模型。从企业使命、愿景、战略以及价值观中推导特定员工群体所需的核心能力素质，再与获取的调查资料结果相结合，建立最终的能力素质模型。

⑤完善能力素质模型。通过采用回归法或其他相关的验证方法，把初步建立的能力素质标准与相应职位匹配的员工能力素质进行具体分析对比、检验，完善标准。

思考：你在设计阿米巴薪酬制度的过程中，如何制定三大基础工程？

三、三大设计技术

三大价值导向指明了薪酬设计的思路，三大基础工程奠定了薪酬设计的数据基础，但二者都必须最终通过薪酬设计来体现在有关制度和表格上，以便于日常操作。任何科学的薪酬设计都必须包括三个方面的设计，即结构设计、等级设计和晋升设计。

（一）结构设计

1. 薪酬结构设计的作用

薪酬的特性除具有保障作用外，更重要的是还应该具有激励作用。即使在总金额相等的情况下，由于结构及其比例的不同，对于员工的激励也会出现“石墨与金刚石”的差距。

“高固定＋低浮动”的薪酬结构保障作用较大，对于招人和留人有一定的好处，但不易激发员工工作的积极性；相反，“低固定＋高浮动”的薪酬结构激励作用较大，比较容易激发员工的工作热情，但对于招人和留人的风险性就高了。

2. 绩效型薪酬结构及其比例的设计

根据三大价值导向原理，其实任何薪酬结构都是由以下三部分组成的，万变不离其宗，见表2－4。

表2－4 薪酬结构表

一级结构	个人工资（一般称资历工资）			岗位工资		绩效薪资	
二级结构	工龄补贴	学历补贴	能力薪资	岗位薪资	职务补贴	绩效薪资	各种奖金

3. 绩效工资的分配

月工资分配的计算如下：

（1）分配岗位工资。

①计算固定薪点值：

$$固定薪点值 = 目标年薪 \div \sum 年薪总薪点数$$

$$年薪总薪点数 = \sum 各岗位薪点数$$

②计算岗位工资：

岗位工资＝岗位工资薪点数×固定薪点值

（2）分配绩效工资。

绩效工资总额＝月薪总额－岗位工资总额

（3）计算部门绩效工资总额。

$$部门绩效工资总额 = \frac{公司绩效工资总额 \times 部门绩效工资薪点数总额 \times 部门绩效考核系数}{\sum(部门绩效工资薪点数总额 \times 部门绩效考核系数)}$$

(4) 计算个人绩效工资。

个人绩效工资 =

$$\frac{\text{部门绩效工资总额} \times \text{个人绩效工资薪点数} \times \text{个人绩效考核系数}}{\sum(\text{个人绩效工资薪点数总额} \times \text{个人绩效考核系数})}$$

(5) 年终奖的分配。

年终奖 = 全年部分 - 已经发放部分

(6) 计算部门年终奖总额。

部门年终奖总额 =

$$\frac{\text{公司年终奖总额} \times \text{部门年终奖薪点数总额} \times \text{部门年度绩效考核系数}}{\sum(\text{部门年终奖薪点数总额} \times \text{部门年度绩效考核系数})}$$

(7) 计算个人年终奖。

个人年终奖 =

$$\frac{\text{部门年终奖总额} \times \text{个人年终奖薪点数} \times \text{个人年度绩效考核系数}}{\sum(\text{个人年终奖薪点数总额} \times \text{个人年度绩效考核系数})}$$

操作

设计你公司或阿米巴的薪酬结构。

(二) 等级设计

1. 薪酬等级设计的条件

薪酬等级的设计建立在两方面工作的基础上：一是岗位评价；二是根据职务等级来划分。如果岗位评价没有做，可以把行政等级乘以 3，得出的数字基本等于该公司的薪酬等级，这是一种比较简单的方法。

2. 薪酬等级设计的方法——柏明顿的“六步法”

从技术层面上来讲，柏明顿的“六步法”是薪酬等级设计较为实用的方法，简单介绍如下：

第一步：确定薪酬等级。

第二步：确定各薪酬等级的金额。

第三步：确定各薪酬等级金额的上下限。

第四步：确定同一薪酬等级的薪级数。

第五步：确定薪级差额。

第六步：形成薪酬等级薪级表。

3. 薪酬等级递增的方式

薪酬等级递增的方式一般有两种，各企业因企业文化的不同而采取不同的薪酬等级方式。

第一种：随着薪酬等级递增，薪酬额度越加越小。

第二种：随着薪酬等级递增，薪酬额度越加越大。

前一种主要是针对那些高科技含量的知识型，如具有比较强的创新能力和爆发力的一类企业或岗位；而后一种是针对经验型的企业或岗位，越有经验，价值越大，像老中医。这些就是薪酬等级的确定。

操作

设计你公司或阿米巴的薪酬等级。

（三）晋升设计

1. 薪酬级别的晋升

一般情况下，谈到薪酬晋升的时候，我们都会认为是薪酬级别的晋升。但当薪酬级别晋升到了最高的时候，员工的薪资就没有了晋升的空间，唯一的机会就是普调。这时候，就可以运用等级工资的方式进行调整，从而给员工更大的晋升空间。

形成一定的制度后，让员工清楚地了解升或降的原因，这样对员工才真正具有激励作用。

2. 绩效考核结果与薪酬调整

人力资源管理者要能够做到让员工清楚他们以后几个月甚至一两年内的工资状况。这就需要人力资源管理者提前做好一系列工作，给员工一个清晰明朗的薪酬调整制度。

3. 薪酬晋升的设计

第一步：确定调整后想要达到的薪级。

第二步：确保满足第一步的条件——年度考核总得分。

第三步：确保满足第二步的条件——各月考核结果等级。

第四步：确保满足第三步的条件——各月考核得分。

第五步：确保满足第四步的条件——将绩效得分分解到各考核项目上。

如表 2-5 所示：

表 2-5　××公司销售主管绩效计划表（部分）

考核项目	最高指标/%	考核指标/%	最低指标/%	配分	计分方法	数据来源	考核周期
销售计划完成率	110	95	90	50	略	财务部	累计叠加
货款及时回收率	95	90	85	40	略	财务部	月度
销售费用率	2	3	4	10	略	财务部	累计叠加

操作

设计你公司或阿米巴的薪酬晋升方案。

第三节 期权薪酬：对优秀者最大的激励

阿米巴期权方案在吸引、保留和激励核心员工，把员工激励与股东价值互相联结，让员工在财务上分享公司的成功等方面具有无可替代的作用，许多企业仍然会将其作为对高管及其雇员提供激励的首选方式。

一、从全盘薪酬定位期权

阿米巴期权薪酬只是公司薪酬体系的一个工具，企业不能单纯从期权薪酬的作用上去设计期权制度，而是要从公司全盘薪酬制度的角度来定位、制定期权薪酬制度。只有这样，才能避免期权不被看重的尴尬。

例如，企业在上市前阶段，当公司推迟或取消上市计划时，期权方案通常会失去激励价值。因为，在公司上市之前，授予员工的期权没有或只有有限的价值，并且会有定价难等实施上的问题。因此，在公司上市计划相当肯定时才适合实行期权方案。

在可预见的未来公司不计划上市的情况下，最好使用以现金为基础的长期激励计划。此外，期权薪酬的实施也与公司成长程度密切相关。对于高速成长的公司来说，期权方案的实施通常会非常成功，因为股价的上升将导致期权持有者获得实质性的收益，从而显现出相当的激励作用。对于具有相对稳定股价的公司来说，则适合与其他长期激励工具结合使用，如限制性股票或业绩计划。也就是说，期权薪酬制度并不是对所有的公司都非常有效。

对于一个发展相对稳定的公司来说，单一的期权方案可能并不是最合适的长期激励工具。人力资源部需要确定哪种薪酬工具最适合员工。在这些问题都还没有明确的前提下，仓促推行期权方案而缺乏全面彻底的考虑，必定会在实施过程中困难重重。

二、期权薪酬方案的设计

期权薪酬方案的设计涉及财务、人力资源、法务及审计等多个部门的协作。在期权薪酬的方案设计阶段，人力资源部需要考虑方案的关键目标、授予资格和数量、生效条件、估值的基础（对还没上市的公司）、摊薄影响、终止条款、其他限制性条款等。另外，也需要考虑未来业务的战略和发展、运营模式。

期权薪酬是具有法律效力的，因此方案应包括相关法律文件、实施的详细计划等，上报董事会批准后才开始实施。在这个过程中，人力资源与法律部门介入较多，且前者处于主导地位。中国企业的期权薪酬方案在设计上其实并不乏合理性，但是在实施过程中却难免出现问题。

设计方案时最经常出现的缺陷是：与公司核心员工的期望和价值不匹配。此外，就是缺乏对公司股价可能出现显著而持续跌落的预期。一旦出现这种情况，期权激励很可能就会成为一种负激励。

思考：如何设计阿米巴的期权薪酬方案？

三、阿米巴期薪实施的五个步骤

一旦期权薪酬方案确定下来后，阿米巴就应在实施过程中发挥主导与协调作用，其中最关键的是做好与员工沟通的工作。

第一步，阿米巴要确定授予期权的人选。

谁有资格得到公司派发的期权？如何保证公平？这些细节问题都有可能在实施后影响员工士气。

在这方面，则可将选择权提交给阿米巴巴长，因为巴长对哪位员工有资格获得期权更为清楚。但公司也必须要求阿米巴巴长提供明确的依据，如绩效考核结果等。最后的决定权仍然属于公司总部。

第二步，准备与员工的沟通材料，包括行权操作及有关的培训手册。

公司人力资源部根据已经确定的期权方案，制作一系列用于与员工进行沟通的说明文件。对普通员工来讲，期权是一个复杂的概念，而期权通常又是有生效限制的，如只有期权持有者在为公司服务了一定时间之后才可以行权。针对这一系列问题，人力资源部都应在事前做好行权操作指南等培训手册，让员工了解期权的行权及有效限制等，避免实施后的各种误会。

第三步，对阿米巴巴长及员工进行期权方案的培训。

在期权方案的实施中，最困难的一个方面是就此激励方案与员工进行沟通，特别是在授予的过程中有内部不平衡的情况发生。建议阿米巴巴长和人力资源部之间进行充分的沟通，确保阿米巴巴长理解期权方案的目的、机制，以及激励与个人业绩和期望之间的联系。人力资源部针对期权方案的实施目的、疑难问题等对阿米巴巴长及授予员工进行培训，明确告诉员工行权的程序、限制等。要特别做好阿米巴巴长的培训，由他们在实施过程中协助辅导员工的沟通工作。

第四步，发放期权。

在这个过程中，人力资源部要与财务及法务部门合作，完成期权的发放。

第五步，日常维护。

期权方案实施后，人力资源部还要做好与员工沟通的工作，解答员工的一些困惑与疑问。例如，行权期到了，员工如何行权等问题。此外，还要跟踪统计员工的行权情况，并根据实施情况提出修改相关条款。

在期权方案实施过程中，人力资源部需要联系法律部准备方案的法律文件，需要财务部计算会计成本，需要税务部门来帮助员工理解税收影响。此外，在实施过程中，人力资源部需要与阿米巴巴长联系，协助他们进行授予和沟通工作。在期权方案的实施中，公司高管层的参与是非常重要的。高管层的积极参与，可以保证足够的重视程度和资源的合理分配；同时，也会强调激励方案的重要性，以及认可被授予员工的业绩和贡献。高管的参与程度越高，公司从期权方案中获得的员工激励和保留价值就越高。

操作

设计你公司或阿米巴的期权薪酬方案。

成果2　人力成本统计与分析

项目			月份											
			1月	2月	3月	4月	5月	6月	7月	8月	9月	10月	11月	12月
收入统计		销售额												
		实际回款额												
研发系统	人数统计	平均在职人数												
	人力成本总和	员工实发工资												
		最高领导年薪												
		社保费用												
		住房公积金												
		其他福利												

续表

项目			月份											
			1月	2月	3月	4月	5月	6月	7月	8月	9月	10月	11月	12月
营销系统	人数统计	平均在职人数												
	人力成本总和	员工实发工资												
		最高领导年薪												
		社保费用												
		住房公积金												
		其他福利												
总裁办	人数统计	平均在职人数												
	人力成本总和	员工实发工资												
		最高领导年薪												
		社保费用												
		住房公积金												
		其他福利												
总经办	人数统计	平均在职人数												
	人力成本总和	员工实发工资												
		最高领导年薪												
		社保费用												
		住房公积金												
		其他福利												
质管中心	人数统计	平均在职人数												
	人力成本总和	员工实发工资												
		最高领导年薪												
		社保费用												
		住房公积金												
		其他福利												

续表

项目			1月	2月	3月	4月	5月	6月	7月	8月	9月	10月	11月	12月
制造系统	人数统计	平均在职人数												
	人力成本总和	员工实发工资												
		生产工人工资												
		最高领导年薪												
		社保费用												
		住房公积金												
		其他福利												
注塑厂	人数统计	平均在职人数												
	人力成本总和	员工实发工资												
		生产工人工资												
		最高领导年薪												
		社保费用												
		住房公积金												
		其他福利												
HR 总部	人数统计	平均在职人数												
	人力成本总和	员工实发工资												
		最高领导年薪												
		社保费用												
		住房公积金												
		其他福利												
财务总部	人数统计	平均在职人数												
	人力成本总和	员工实发工资												
		最高领导年薪												
		社保费用												

续表

项目			月份											
			1月	2月	3月	4月	5月	6月	7月	8月	9月	10月	11月	12月
财务总部	人力成本总和	住房公积金												
		其他福利												
IT 总部	人数统计	平均在职人数												
	人力成本总和	员工实发工资												
		最高领导年薪												
		社保费用												
		住房公积金												
		其他福利												
其他人员	人数统计	平均在职人数												
	人力成本总和	员工实发工资												
		最高领导年薪												
		社保费用												
		住房公积金												
		其他福利												

成果3 人工成本对比

项目	年度	类型	月份												
			1月	2月	3月	4月	5月	6月	7月	8月	9月	10月	11月	12月	合计
第一事业部	2023 年预算	产值													
		直接人工													
		间接人工													
		总人工													

续表

项目	年度	类型	月份												
			1月	2月	3月	4月	5月	6月	7月	8月	9月	10月	11月	12月	合计
第一事业部	2023年预算	直接人工比													
		间接人工比													
		总人工比													
	2022年实际	产值													
		直接人工													
		间接人工													
		总人工													
		直接人工比													
		间接人工比													
		总人工比													
	2023年对比2022年	直接差异													
		间接差异													
		总人工差异													
第二事业部	2023年预算	产值													
		直接人工													
		间接人工													
		总人工													
		直接人工比													
		间接人工比													
		总人工比													
	2022年实际	产值													
		直接人工													
		间接人工													
		总人工													

续表

项目	年度	类型	月份												
			1月	2月	3月	4月	5月	6月	7月	8月	9月	10月	11月	12月	合计
第二事业部	2022年实际	直接人工比													
		间接人工比													
		总人工比													
	2023年对比2022年	直接差异													
		间接差异													
		总人工差异													
汇总	2023年预算	产值													
		直接人工													
		间接人工													
		总人工													
		直接人工比													
		间接人工比													
		总人工比													
	2022年实际	产值													
		直接人工													
		间接人工													
		总人工													
		直接人工比													
		间接人工比													
		总人工比													
	2023年对比2022年	直接差异													
		间接差异													
		总人工差异													

第三章

阿米巴奖金设计

阿米巴奖金体现了员工对阿米巴组织的贡献。如果员工对阿米巴组织的贡献大，相应的奖金就多；如果贡献小，奖金相对就少。奖金的目的在于激励员工更好地为公司和阿米巴组织创造价值，这也是衡量发放奖金是否成功的标准。只要能达到这个目的，奖金设计方案就是成功的；如果没有起到激励的作用，没有提高员工的积极性，那么奖金设计方案就是失败的。

本章目标

1. 理解：阿米巴奖金层次。
2. 了解：阿米巴奖金的类型。
3. 掌握：阿米巴年度效益奖金设计。
4. 掌握：阿米巴年度效益奖金分配原则与发放方式。
5. 掌握：总部职能中心总监级以上人员奖金设计。
6. 理解：阿米巴奖金设计的三大导向。
7. 操作：阿米巴奖金分配方案。
8. 操作：阿米巴收益与奖金总额测算。

形成成果

1. 阿米巴团队激励奖金分配测算表。
2. 阿米巴收益与奖金预测。

扫码购买配套精品课程

第一节　阿米巴奖金设计概述

一、阿米巴奖金设计的特点

阿米巴奖金与员工业绩密切相关。员工奖金支付根据员工个人季度工作所负的责任、工作绩效及完成项目的情况而定，同时也会考虑总薪酬的情况。根据薪酬政策，阿米巴组织每年对薪酬计划进行审查和修改，以保证阿米巴奖金计划能在市场竞争和成本方面保持平衡。

阿米巴奖金设计，主要有如下特点：

（1）利他共赢的哲学理念；

（2）来源于超越阿米巴经营目标的收益；

（3）公司与本阿米巴进行分配；

（4）对阿米巴单元而不对个人。

思考：如何进行阿米巴奖金设计？有哪些需要注意的要素？

二、阿米巴奖金层次

阿米巴奖金层次体现在：第一，任务完成奖金；第二，超额奖金。

相关内容如表3－1、表3－2所示：

表3－1　任务达成比例

达成率 Z	$Z<60\%$	$60\%<Z\leqslant70\%$	$70\%<Z\leqslant80\%$	$80\%<Z\leqslant90\%$	$90\%<Z\leqslant100\%$
激励系数	0	0.6	0.8	0.9	1.0

表3－2　利润超额奖金比例

超额利润	超额比例区间 $X_1\sim X_5$	阿米巴奖金比例/%	任务超额奖金 $B_1\sim B_5$ 计算公式
M_1	$X_1<10\%$	30	$B_1=M_1\times30\%$
M_2	$10\%\leqslant X_2<30\%$	35	$B_2=B_1+(M_2-M_1)\times35\%$
M_3	$30\%\leqslant X_3<60\%$	40	$B_3=B_1+B_2+(M_3-M_2)\times40\%$
M_4	$60\%\leqslant X_4<100\%$	45	$B_4=B_1+B_2+B_3+(M_4-M_3)\times45\%$
M_5	$100\%\leqslant X_5$	50	$B_5=B_1+B_2+B_3+B_4+(M_5-M_4)\times50\%$

三、阿米巴奖金设计顺序

阿米巴的奖金设计有两种：第一种是自上而下设计；第二种是自下而上设计。如图3－1所示。

这是两种不同的设计方向：

第一，自上而下设计。只设计上一级阿米巴的奖金总额，由其统筹下一级奖金情况。

我们只设计上级阿米巴的奖金总额，下面好几个阿米巴就不管了，即交给上级阿米巴巴长去负责。

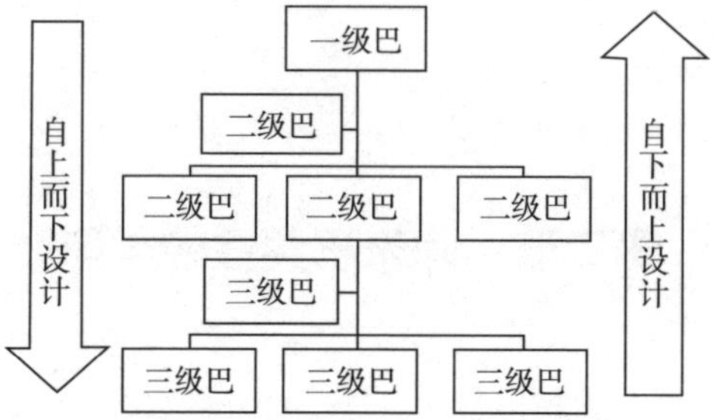

图 3－1　阿米巴奖金设计顺序

如一家公司进行奖金设计，做到二级阿米巴为止。至于三级阿米巴的奖金怎么发，二级阿米巴巴长说了算。这是自上而下的。

第二，自下而上设计。从最底层阿米巴开始设计，形成复合阿米巴。

我们先设计三级阿米巴，之后设计二级阿米巴，接着设计一级阿米巴。

但通常情况下，每一个上级阿米巴都包含一个或一个以上的二级阿米巴，这就形成一个复合阿米巴。

思考：阿米巴奖金设计的顺序是什么？

所以，自下而上设计的时候要注意，上一级阿米巴只有确定下一级各个阿米巴都完成了一定的业绩比例，或者是整个阿米巴都完成了一定业绩比例的时候，才能拿到奖金。

第二节 阿米巴奖金的类型

阿米巴奖金薪酬设计，主要包括绩效奖、项目奖、年终奖、全勤奖、超产奖和节约奖等类型。

思考：你所在公司或阿米巴，主要采用哪些奖金类型？

其类型见表 3－3：

表 3－3 阿米巴奖金薪酬设计的类型

奖金类型	获奖方法	奖励标准
绩效奖	以员工个人为分配单位，根据当月绩效考核情况确定奖励额	生产成本、数量、质量和产品交货率
项目奖	以产品研究、开发和生产小组为分配单元，根据其在生产过程中的贡献值确定	产品的技术含量、成本回收期或生命周期，以及经济效益
年终奖	以员工个人为分配单元，总量不超过年度效益的 0.5%；不满一个年度员工的年终奖按一定比例发放	员工岗位职级和年度考核结果、企业的年度效益
全勤奖	以节约生产成本的员工个人或集体为分配单位，奖金率按照成本高低和降低消耗的难易程度计算	当月考勤全勤，无无故迟到、早退记录
超产奖	以员工个人为分配单位，一般按月规定额度	合格产品生产数量，生产提前期

续表

奖金类型	获奖方法	奖励标准
节约奖	以生产小组或生产线为分配单位，由生产管理部门规定奖励比例，小组或生产线全员分摊	生产成本的实际消耗量和节约量

生产型企业，生产阿米巴与销售阿米巴奖金一般独立计算和评核（见表3－4），奖金比例由企业参考相关行业奖金水平和自身经济情况来确定（以不同层级员工奖金薪酬设计方案示例作参考）。要强调的是，薪酬常与绩效考核挂钩。

表3－4　生产阿米巴与销售阿米巴奖金设计

内容	说明
生产阿米巴	1. 按目标利益达成率发放，最高限额为固定基数的20%，达成率低于80%，不计提奖金。 2. 主要评核项目包括产量（超产、因不可抗力导致的减产、试制品成本）、主材料耗用量、生产成本（直接人工、间接人工、器材消耗费、维护保养费）、成品品质、客户投诉
销售阿米巴	1. 按目标利益达成率核发奖金，奖金比例自定；规定达成率，低于达成率，不计提奖金。 2. 主要评核项目包括营业额或销售量、营销费用（薪资、运费、文具印刷费、交通费、修护费）、应收账款周期、客户投诉

第三节　阿米巴年度效益奖金设计

一、成品阿米巴年度效益奖金总额计算方式

阿米巴年度效益奖金总额 T =（任务达成奖金 A + 任务超额奖金 B）×阿米巴年终综合考核得分/100③

1. 任务达成奖金 A

（1）当实际利润≤目标利润时，适用以下计算公式：

任务达成奖金 A = 达成率 × 实际利润 × 奖金比例① × 激励系数②

达成率 = 实际利润 ÷ 目标利润 ×100% ≤1（下同）

（2）当实际利润 > 目标利润时，适用以下计算公式：

任务达成奖金 A = 达成率 × 目标利润 × 奖金比例① × 激励系数②

（3）计算公式中的因素说明：

①奖金比例。

a. 2023 年奖金比例确定方法：

奖金比例 =（阿米巴巴长 2022 年红包 +2023 年员工奖金总额预算）÷2023 年目标利润

员工奖金总额预算 =（∑间接人员预算工资 ÷12 ×0.8）+（直接人员编制人数 ×650 元）

b. 2022 年、2023 年奖金比例确定方法：

奖金比例 = 上一年度（任务达成奖金 A + 任务超额奖金 B）÷ 上一年度实际利润

②激励系数（见表 3－5）。

表 3－5　任务达成与激励系数对照表

达成率 Z	$Z \leqslant 60\%$	$60\% < Z \leqslant 65\%$	$65\% < Z \leqslant 70\%$	$70\% < Z \leqslant 75\%$	$75\% < Z \leqslant 80\%$	$80\% < Z \leqslant 85\%$	$85\% < Z \leqslant 90\%$	$90\% < Z \leqslant 95\%$	$95\% < Z < 100\%$	$Z \geqslant 100\%$
激励系数	0	0.2	0.3	0.4	0.5	0.6	0.7	0.8	0.9	1

③年终综合考核得分

各阿米巴综合考核指标与评分规则，另见企管部相关规定。

2. 任务超额奖金 B

（1）当实际利润 > 目标利润时，阿米巴除享有上述项规定任务达成奖外，还享有本条规定任务超额奖金。具体计算公式如下：

任务超额奖金 $B = \sum$（超额利润① × 超额比例区间奖金比例②）

（2）计算公式中的因素说明：

①超额利润 $M_1 \sim M_5$ = 实际利润 － 目标利润。

②超额比例区间奖金比例 =（实际利润 － 目标利润）÷ 目标利润 × 100%。

2021 年各阿米巴的超额利润与奖金比例、计算公式见表 3－6。

表 3-6　2021 年各阿米巴超额利润与奖金比例对照表

超额利润	超额比例 区间 $X_1 \sim X_5$	阿米巴奖金 比例/%	任务超额奖金 $B_1 \sim B_5$ 计算公式
M_1	$X_1 < 30\%$	5	$B_1 = M_1 \times 5\%$
M_2	$30\% \leqslant X_2 < 50\%$	10	$B_2 = B_1 + (M_2 - M_1) \times 10\%$
M_3	$50 \leqslant X_3 < 70\%$	15	$B_3 = B_1 + B_2 + (M_3 - M_2) \times 15\%$
M_4	$70\% \leqslant X_4 < 100\%$	20	$B_4 = B_1 + B_2 + B_3 + (M_4 - M_3) \times 20\%$
M_5	$100\% \leqslant X_5$	25	$B_5 = B_1 + B_2 + B_3 + B_4 + (M_5 - M_4) \times 25\%$

二、配套阿米巴年度效益奖金计算方式

阿米巴年度效益奖金总额 T = 奖金核算利润 × 奖金比例 × 阿米巴年终综合考核得分/100

（1）配套阿米巴奖金核算利润计算。

奖金核算利润 = 阿米巴总利润 - 原材料成本降低利润

（2）配套阿米巴无超额奖金，奖金比例计算方法、年终综合考核等计算同成品阿米巴。

三、成品阿米巴确定三年利润目标奖励办法

如果在签订阿米巴总经理 2016 年协议时，不能一次性确定 2017 年、2018 年利润目标，则由阿米巴总经理与集团总裁每年重新确定一次年度业务计划及各项目标与预算。基础

数据每年根据实际情况或预算而变更，同时每年签订一次阿米巴总经理协议。

如果在签订阿米巴总经理2016年协议时，能够一次性确定2017年、2018年利润目标，则工资率以2016年为准，3年不变，奖金按以下计算公式处理：

年度效益奖金总额 = (实际利润 × 上年度奖金比例① × 区间奖励系数②) × 年终综合考核得分/100

①上年度奖金比例 = (任务达成奖金 A + 任务超额奖金 B) ÷ 上年利润。

②区间奖励系数，见表3-7。

表3-7 利润增长比例与奖励系数对照表

增长区间	$Z_1<0$	$0\leqslant Z_2<20\%$	$20\%\leqslant Z_3<30\%$	$30\%\leqslant Z_4<50\%$	$50\%\leqslant Z_5$
奖励系数	0.8	0.9	1.1	1.2	1.3

利润增长比例选择说明如下：

(1) 各阿米巴可分别选择2015年和2016年的增长比例 $Z_1\sim Z_5$ (两年增长比例未必需要一致)；

(2) 每年实际增长目标 ≥ 选定的增长目标时，按选定的增长区间所对应的奖励系数计算奖金总额；

(3) 每年实际增长目标 < 选定的增长目标，但在 Z_2 范围内时，按 Z_2 的奖励系数计算奖金总额。

第四节　阿米巴年度效益奖金分配原则与发放方式

一、分配原则

1. 授权原则

集团授权阿米巴巴长提交奖金分配方案，任何其他单位或个人不得无故干涉。

2. 监审原则

阿米巴巴长在提交奖金分配方案后，交集团财务中心审核数据的准确性，交人力资源中心审核一般公平性，最后交总裁批准。

3. 优先原则

阿米巴年度效益奖金分配采用优先原则，按照直接员工→间接员工→阿米巴巴长顺序。

4. 共享原则

当阿米巴获得奖金，尤其是获得超额任务奖金时，应当拿出部分奖金与上下游相关单位或个人、集团有关的单位或个人共享。共享金额与共享形式不限，包括直接分配奖金、共同欢聚、共同培训等。

5. 预留原则

从每年的奖金总额中至少预留 10% 作为乙方任期期满的离任审计抵押金，审计无误后，阿米巴总经理方可另行提拟分配方案。

二、发放方式

（1）首要的就是参考阿米巴巴长的红包、间接人员 0.8 的系数、直接人员平均 650 元的历史标准。

（2）其中阿米巴巴长个人不超过本巴奖金总额的 50%。

（3）分配到个人后，每年春节前发放 60%，另外 40% 与 6 月工资同期发放。

（4）各阿米巴巴长正常离任、离职（按集团现行制度规定），不影响奖金发放的金额与日期。

第五节　总部职能中心总监级以上人员奖金设计

一、年终奖金设计

固定工资部分以 2021 年实际数据为基准，根据公司有关制度进行年度调薪。

年终奖金从 2022 年开始，按以下公式计算：

个人年终奖金总额 = 2021 年实发金额 ×
个人年度考核系数 × 集团业绩系数

个人年度考核以企管部统一设计并经总裁审核为准，最高系数为 120%。

集团业绩系数 =（集团实际销售额 ÷ 目标销售额）× 40% +（集团实际利润 ÷ 目标利润）×60%

其中，“利润”是指税前利润。

二、特别奖设计

凡是能够直接降低成本或增加销售收入、利润的项目，均可设立特别奖，具体由各中心申报、集团人力资源中心审核，总裁批准。

第六节 阿米巴奖金设计的三大导向

企业导入阿米巴经营模式，主要面临两方面的问题：一是企业无法招聘到高素质的人才；二是企业的人员一旦成长为高素质人才，就面临着其他企业“挖墙脚”的局面。因此，企业如何留住核心人员，做好人员的激励工作，成为阿米巴单元对人员管理的核心问题。

员工奖金设计的问题反映了公司目标实现的程度，也更多体现了企业员工的业绩表现，而且，合理的奖金制度是对阿米巴成员发展的强大动力，会为企业带来更好的绩效，增强企业竞争力。

经过多年的企业实践和研究，我们认为阿米巴激励要注重员工的工资与奖金的挂钩，并且阿米巴奖金设计方案要注重以下三个导向。

一、能力导向

以能力导向为主进行奖金设计。对于阿米巴成员来说，比起固定工资的发放，也许更加关注企业提成制度的设计，要求企业的奖金分配尽可能公平。所以，此时实行以能力为导向的奖金设计方案，可能会提高有此类需求的员工的满意度。以能力为导向的奖金设计，要求不同能力的员工得到不同的奖金。

因此，为了更好地实行以能力为导向的奖金设计，可以通过设定奖金系数来反映员工的能力。根据奖金系数的不同而给予不同的奖金，使能者多劳，即员工的奖金系数越高，获得的奖金也就越高。如此可以使企业销售人员获得更好的个人绩效，激发其工作积极性，进而提高公司整体的经营业绩。

二、团队导向

以团队导向为主进行奖金设计。以销售阿米巴为例，大多销售项目需要企业营销人员以阿米巴团队的形式进行。此时实行以团队导向为主的奖金设计，将企业的奖金直接发放到销售阿米巴团队，而不是员工个人，会在更大程度上激发销售阿米巴成员的工作积极性，促进销售阿米巴成员间的交流、沟通与协作，也将会在更大程度上提高整个团队的销售业绩。以团队导向为主的奖金设计，是对取得高业绩表现的销售阿米巴给予更高的奖金总额。

三、业绩导向

以业绩导向为主的奖金设计。进行以业绩导向为主的奖金设计，首先需要将企业的销售目标进行分级，通常销售目标可分为初级销售目标、中级销售目标、高级销售目标等类别。其中，不同的销售目标应该对应不同的奖金激励制度。其次将员工业绩纳入考核体系，作为奖金发放的依据，有利于企业由原来粗放式的简单管理步入系统化、科学化和精细化管理的轨道。

但是在进行以业绩导向为主的奖金设计时，阿米巴巴长需要重点注意销售人员的绩效沟通、绩效反馈和绩效辅导，使企业在因为制定业绩目标过高导致员工无法完成目标时，能够进行及时的监控，更早地发现问题，进行问题的沟通反馈，适当地调整或降低销售目标，从而切实帮助企业的销售人员实现自身的销售目标。

企业导入阿米巴经营模式，如何进行阿米巴成员的薪酬设计，尤其是奖金制度的设计，达到最佳的激励模式，是企业实现利益最大化的重点。好的奖金设计制度，不仅可以节约企业的人力资源管理成本，还可以在更大程度上激励阿米巴单元创造更高的工作业绩。因此，通过上述奖金设计的三个导向即能力导向、团队导向、业绩导向的相互结合，可以有效地实现阿米巴成员奖金分配的合理设计，从而更加积极地发挥正向的激励作用，以更好地提高阿米巴的运作效率，实现阿米巴业绩的有效增长。

第七节 阿米巴奖金分配方案

阿米巴奖金要分，怎么分？计算奖金不限金额，但发奖金要限制。你最多拿上三个月的，或者说最多拿到去年奖金额的两倍或三倍。多出来的奖金部分，全部转股，我们称之为“奖金转股”。

阿米巴奖金分配方案不是简单的发放奖励，其发放的目的应配合公司未来的发展战略，以实现公司、阿米巴组织、股东、员工等多方共赢的局面。

一、阿米巴奖金分配方案应实现的目标

（1）通过发放阿米巴奖金，激励员工士气，满足员工生存与发展的需要，化解内部矛盾与降低不公平感，并提升员工满意度与企业归属感，强化员工对公司文化的认同感。

（2）通过阿米巴奖金分配方案制度的实施，提高公司及阿米巴的薪酬管理水平，使之能有效引导员工发展方向，提高员工的工作效率，降低员工流失率，特别是防止核心人才的流动。以短期激励和长期激励相结合的方式，吸引优秀核心人才，从而为企业节约人力资源成本（包括招聘、在职培训、解聘、薪资支出等）。

（3）通过将阿米巴奖金与公司业绩，员工个人能力、职级、工作表现等指标相挂钩的方式进行合理分配，体现公司绩效考核的权威性。在奖金发放的过程中，对员工进行管理制度的在职指导，提升员工对企业绩效考核制度的服从性与认同度，进而从公司战略管理的角度来引导员工积极配合公司未来战略目标的实施。

二、阿米巴奖金分配方案需要考虑的问题

（1）阿米巴奖金应如何合理分配方能体现其内部公平性？

（2）阿米巴奖金发放如何与绩效考核制度充分结合？

（3）在阿米巴奖金额度制定过程中，是否给予各管理层级相应授权以参与下属员工个人奖金总额评定？

（4）阿米巴奖金是否需要考虑同业奖金分配水平，以使公司薪资待遇具备竞争力？

（5）阿米巴奖金分配制度的制定是否需要考虑延续性与前瞻性？

（6）阿米巴奖金分配金额是否需要考虑员工的接受度与满意度？

三、阿米巴奖金分配原则

1. 内部公平性与外部竞争力相结合的原则

阿米巴奖金的分配，需要考虑本公司的薪酬竞争力。好

的待遇在一定程度上能吸引大量优秀的人才，从而为阿米巴组织建立一支强有力的队伍。用薪酬制度规范指导员工的工作行为，使能者多得，为公司创造更多效益。

2. 因需而变的层级差异性原则

不同层级员工在奖金分配的认知和奖金制定要素偏好方面存在很大差异，所以在具体的奖金分配方案设计中要遵循因需而变的层级差异性原则。

3. 阿米巴利益与个人收益相结合的原则

在阿米巴奖金设计的过程中，应体现阿米巴利益与员工个人利益紧密结合的关系。如果没有阿米巴利益的长远发展，个人利益的实现也无从谈起。

四、阿米巴奖金核定方式

1. 奖金总额确定

年终奖金总额可采用以下方式核算：

（1）把全年营业总额结合公司全年销售目标完成比例，按不同档次计提。

说明：先按公司全年营业总收入确定基数百分比计提奖金总额，然后再按实际营业收入与原定目标的完成比例确定实际奖金总额。

（2）按公司全年实现的利润总额完成比例，按不同档次比例计提。

说明：由财务部核算全年税后净利润，由董事会决定提留股东权益、分红、公司提留资金比例后，按剩余比例乘以目标利润完成比例确定奖金总额。

2. 阿米巴奖金功能结构确定

阿米巴奖金总额确定后，按奖励功能不同来划分比例。

基础奖金：约占60%，按职能部门职责与重要性的不同，分配到各部门。

部门奖金：约占30%，按部门整体考核不同，以优秀、良好、一般为三个档次，划分比例，分配到各部门，由各部门领导酌情分配到个人或作为部门公共基金。

个人优秀表现奖：约占6%，用于奖励全勤员工、优秀员工、有特殊贡献的员工及有家庭困难的员工。

福利奖：约占4%，用于春节福利或公司年会抽选幸运奖。

五、如何按管理层级分配奖金额度

奖金是按收入总额进行阶段核算的，在不同的阶段对高、中、基层员工按比例进行分配，见表3－8：

表 3－8 阿米巴奖金分配表

阿米巴：

<table>
<tr><th>员工级别</th><th>工资/元</th><th>人数/人</th><th>工资总额/元</th><th>任务/元</th><th>实际完成任务1/元</th><th>奖金/元</th><th>实际完成任务2/元</th><th>奖金/元</th><th>实际完成任务3/元</th><th>奖金/元</th></tr>
<tr><td>高层</td><td>8000</td><td>3</td><td>2.4 万</td><td rowspan="3">100 万</td><td rowspan="3">100 万</td><td>0</td><td rowspan="3">110 万</td><td>4000</td><td rowspan="3">150 万</td><td>2.4 万</td></tr>
<tr><td>中层</td><td>6000</td><td>6</td><td>3.6 万</td><td>3000</td><td>6000</td><td>9000</td></tr>
<tr><td>基层</td><td>3000</td><td>20</td><td>6 万</td><td>4500</td><td>5400</td><td>1500</td></tr>
</table>

从表 3－8 中可以看出：

第一，在只完成了目标任务的时候，基层员工获得奖金最多。这说明企业高层领导的决策对增加收入没起任何作用，此时是基层员工的作用最大，因此这个阶段应该给基层员工分配较多奖金。

第二，当实际完成任务超出目标任务一点点的时候，企业高层领导和中层管理者获得的奖金有所提高。这说明在此阶段，企业中高层领导人的决策对增加收入起了一定的作用，但还是基层员工起主导作用。

第三，当实际收入大大超出目标收入的时候，企业高层决策者获得最高的奖金分配。这说明在此阶段，起决定作用的是企业高层了，因此企业高层应获得更多的奖金。

操 作

设计一个阿米巴奖金方案。

成果4 阿米巴团队激励奖金分配测算表

事业部实际利润/万元	完成率/%	团队激励奖金/万元	总经理建议奖金		工人建议奖金		核心管理人员建议奖金		普通管理人员建议奖金	
			奖金占比/%	奖金额/元	奖金占比/%	人均奖金/元	奖金占比/%	人均奖金/元	奖金占比/%	人均奖金/元

说明：实际完成率为 x，当完成率为 $90\% < x \leq 100\%$ 时，奖金提取比例为 10%；当完成率为 $100\% < x \leq 110\%$ 时，奖金提取比例为 20%；当完成率为 $110\% < x \leq 120\%$ 时，奖金提取比例为 30%；当完成率为 $x > 120\%$ 时，奖金提取比例为 40%。

第八节　阿米巴收益与奖金总额测算

阿米巴收益预测是根据已知信息来预测能得到的收益。收益预测一般包括目标利润、实际利润、完成率、奖励比例和奖励总额等。

阿米巴奖金总额预测，是指阿米巴通过实施多种薪酬激励分配模式，有利于深化阿米巴奖励与分配制度，使阿米巴组织可以根据员工的工作特点，利用不同的分配方式来调动员工的工作积极性和主动性；有利于形成不唯书、只唯实，人尽其才、才尽其用的浓厚氛围；有利于稳定阿米巴人才队伍。预测将收到较好的效果，从而最大限度地发挥薪酬分配的激励作用。

一、阿米巴收益预测

阿米巴收益预测，是对阿米巴组织未来某一时期可实现利润的预计和测算。它是按影响阿米巴利润变动的各种因素，预测阿米巴组织将来所能达到的利润水平；或按实现目标利润的要求，预测需要完成的销售量或销售额。而且，根据奖励比例计算出奖励总额。

目标利润就是指阿米巴计划期内要求达到的利润水平。

它既是阿米巴生产经营的一项重要目标，又是确定阿米巴计划期销售收入和目标成本的主要依据。正确的目标利润预测，可促使阿米巴为实现目标利润而有效地进行生产经营活动，并根据目标利润对阿米巴经营效果进行考核。

二、阿米巴奖金总额的测算

首先确定阿米巴奖金总额，其次确定各级管理者所获奖励的人数、人均奖励金额，以及所占比例等。

阿米巴团队创造盈利以支付成员的报酬，阿米巴奖金分配方案由各阿米巴组织经营者制定，阿米巴经营盈利水平是干部考核、调整最重要的依据。阿米巴领导人必须能够持续稳定完成盈利目标和单位时间核算目标，才可以晋升。

1. 奖金总额的控制趋势（如图 3－2 所示）

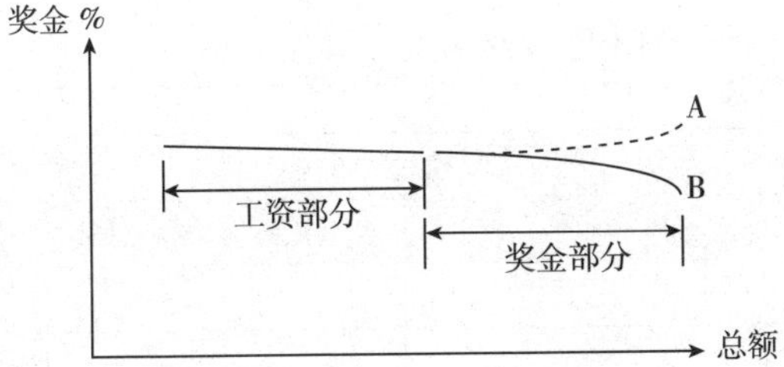

图 3－2 奖金总额的控制趋势

2. 奖金总额的测算——直接比例法（如图3-3所示）

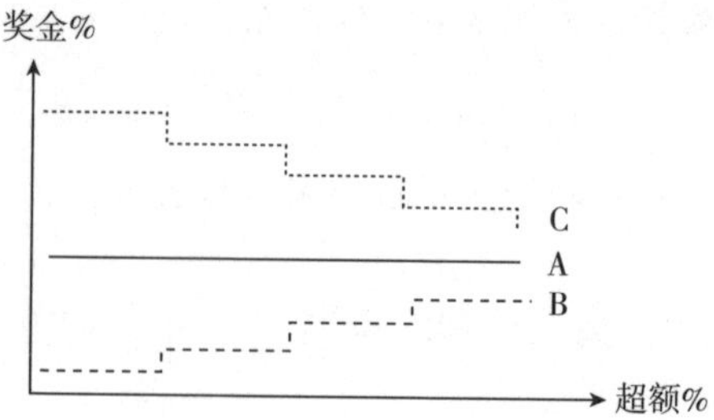

图3-3 奖金总额的测算——直接比例法

3. 奖金总额的测算——间接比例法（如图3-4所示）

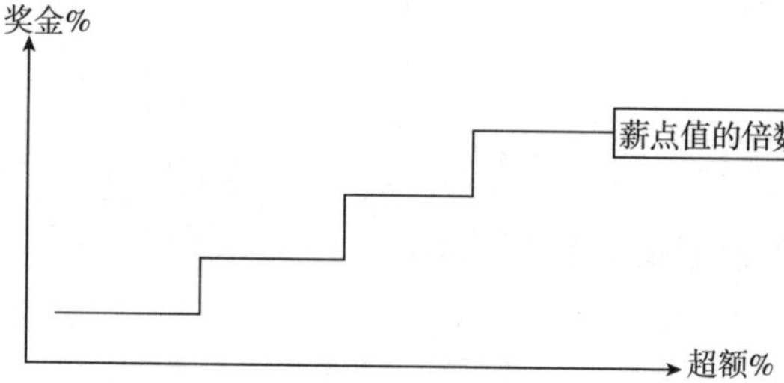

图3-4 奖金总额的测算——间接比例法

成果5 阿米巴收益与奖金预测

收益预测					
目标利润	实际利润	完成率	奖金比例	奖金总额	简要说明
合计奖金总额					

续表

奖金与分配预测																
奖金总额	高管奖金				中层管理者奖金				普通员工奖金				……			
	人数	人均	总额	占比	人数	人均	总额	占比	人数	人均	总额	占比	人数	人均	总额	占比

阿米巴奖金测算方法主要有销售收入法、税前利润法、超额利润法，具体见表3-9。

表3-9 阿米巴奖金测算方法

方式	确定依据	计算公式	发放周期	适用情况
销售收入法	根据已完成的销售收入，提取一定比例奖金额度	总销售额×奖励系数	根据销售回款情况，按季度发放	阿米巴负责全面运作管理
税前利润法	根据阿米巴最终实现的税前利润，提取一定比例奖金额度	阿米巴税前利润×奖励系数	项目结算完成后发放	阿米巴独立核算、自主经营
超额利润法	阿米巴最终净利润额，扣除目标净利润额，提取一定比例奖金额度	阿米巴超额利润×奖励系数	项目结算完成后发放	阿米巴负责全面运作管理

第四章

阿米巴股权激励方案

你想当阿米巴巴长，必须成为股东，这是条件。阿米巴巴长是通过竞聘产生的，薪酬很高。

企业导入阿米巴经营模式之后，随着公司股权的日益分散和管理技术的日益复杂化，企业为了合理激励阿米巴管理人员，创新激励方式，纷纷推行了股权激励机制。股权激励是一种通过阿米巴经营者获得公司股权形式来给予其一定的经济权利，使他们能够以股东的身份参与阿米巴决策、分享利润、承担风险，从而勤勉尽责地为阿米巴长期发展服务的激励方法。

本章目标

1. 掌握：阿米巴股权激励方式方法。
2. 操作：股权激励“9D”模型。

形成成果

股权激励的“9D”模型。

扫码购买配套精品课程

第一节　阿米巴股权激励概述

阿米巴股权激励是一种使阿米巴员工能够以股东的身份参与企业决策、分享利润、承担风险，从而勤勉尽责地为公司的长期发展服务的激励方法。

在不同的激励方式中，工资主要根据阿米巴员工的资历条件和公司情况、目标业绩预先确定，在一定时期内相对稳定，与公司目标业绩的关系非常密切。奖金一般以超目标业绩的考核来确定，因此与公司的短期业绩表现关系密切，但与公司的长期价值关系不明显。员工有可能为了短期的财务指标而牺牲阿米巴的长期利益，但是从股东投资角度来说，他更多关心的是公司和阿米巴长期价值的增加。

为了使员工关心公司、关心阿米巴利益，需要使员工和公司或阿米巴的利益追求尽可能趋于一致。对此，股权激励是一个较好的解决方案。通过让员工在一定时期内持有股权，享受股权的增值收益，并在一定程度上以一定方式承担风险，可以使员工在经营过程中更多地关心公司的长期价值。股权激励对防止员工的短期行为，引导其长期行为具有较好的激励和约束作用，如图 4－1 所示。

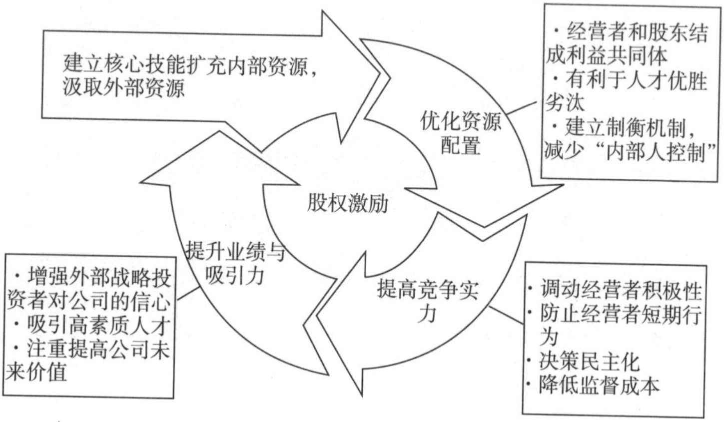

图 4－1 阿米巴股权激励

一、阿米巴股权激励的特点

1. 长期激励

从员工薪酬结构来看，股权激励是一种长期激励。员工职位越高，其对公司业绩影响就越大。股东为了使公司能持续发展，一般都采用长期激励的形式，将这些员工利益与公司利益紧密地联系在一起，构筑利益共同体，减少代理成本，充分有效发挥这些员工的积极性和创造性，从而实现公司目标。

2. 人才价值的回报机制

人才的价值回报不是工资、奖金就能满足的，有效的办法是直接对这些人才实施股权激励，将他们的价值回报与公司持续增值紧密联系起来，通过公司增值来回报这些人才为企业发展所做的贡献。

3. 公司控制权激励

股权激励可使员工参与关系到企业发展的经营管理决策中，使其拥有部分公司控制权。这样一来，员工不仅关注公司短期业绩，还会关注公司长远发展，并真正对此负责。

二、阿米巴股权激励的关键点

1. 激励模式的选择

激励模式是股权激励的核心问题，直接决定了激励的效用。

2. 激励对象的确定

股权激励是为了激励员工，平衡企业的长期目标和短期目标，特别是关注企业的长期发展和战略目标的实现。因此，确定激励对象必须以企业战略目标为导向，即选择对企业战略的实施最具有价值的人员。

3. 购股资金的来源

由于鼓励对象是自然人，因而资金的来源成为整个计划过程的一个关键点。

4. 考核指标设计

股权激励的行权一定与业绩挂钩，其中一个是企业的整体业绩条件，另一个是个人业绩考核指标。

思考：阿米巴为什么要进行股权激励？不实施股权激励的后果是什么？

第二节 阿米巴股权激励方式方法

一、阿米巴股权激励的方式

股权激励的方式有很多种，我们重点介绍以下几种方法：

1. 股份转让

股份转让是通过股票的转让而实现的。股票转让是指股票所有人把自己持有的股票让与他人，从而使他人成为公司股东的行为。也就是说，企业老板将阿米巴的股份以一定的价格转让给阿米巴成员。

2. 资产增值转股

例如，一个阿米巴不可能把当年的利润全部分光，肯定有一部分利润要转到第二年的资产里面去，那么这部分增值的资产也可转换为公司股份。

3. 股份期权

期权激励既是对员工进行长期激励的一种方法，也是股权激励的一种典型模式。

通过在公司中进行的有关股票期权计划的尝试，以期能够更好地激励阿米巴经营者、改善阿米巴的治理结构。

期权激励的授予对象主要是阿米巴的高级管理人员。这些员工在公司中的作用是举足轻重的，他们掌握着阿米巴的日常决策和经营，因此是激励的重点。另外，阿米巴的技术骨干也是激励的主要对象。

比如，一个阿米巴今年的利润目标是1000万元，如果阿米巴实现了1000万元以上的利润，而且是三年连续增长，那么公司就给这个阿米巴10%的股份。

4. 增资扩股

增资扩股是指阿米巴向社会募集股份、新股东投资入股或原股东增加投资扩大股权，从而增加阿米巴的资本金。

如果一个阿米巴的资产是1000万元，巴长要跟投，投多少呢？至少10%——100万元。那么，阿米巴的资产就由以前的1000万元，加上巴长的100万元，变成1100万元了。

思考：你公司进行阿米巴股权激励，主要采用哪些方式？

二、阿米巴股权激励方法

股权激励员工的核心：用明天的财富激励今天的员工；用社会的财富激励自己的员工。

1. 先持有本巴股份，必要时折算成公司股份

可以让阿米巴的成员先持有本巴的股份，不要一开始就

拿公司的股份。

例如，在一家企业里，你是塑料车间阿米巴的成员，你就拿塑料车间阿米巴的股份。你是组装阿米巴的人员，你就拿组装阿米巴的股份。那么好了，激光电子阿米巴、塑胶阿米巴、组装阿米巴，三个阿米巴形成一个制造车间阿米巴，那么你就拿这个部分的股权就可以了。

如果你是一家公司的广东地区营销负责人，那你就拿广东地区这个区域阿米巴的股权就可以了。

本巴股份在必要时折算成公司股份。股权已经给阿米巴成员了，如果公司准备上市，要么把员工的股权抹掉，要么就把阿米巴的股份转为公司的股份。每个阿米巴的股权通过它的资产进行折算，最后形成公司的股份。也就是说，在以前的阿米巴单元，一个员工占了20%的股份，但折算成公司的股份之后，可能只占0.1%。

思考：在你的公司中，阿米巴股权激励的方法有哪些？

2. 选择最佳方法

诚然，股权激励是非常重要的一种长期激励手段，但是若采取不合适的方法，也会带来无尽的烦恼。阿米巴在实施股权激励时，应该明确实行激励计划的目的，透彻分析阿米巴内外部的情况，从而选择最佳的激励方式。

长期激励是在市场经济下，企业为实现其整体利益的现实选择。长期激励机制能够优化资源配置、提高竞争实力，从而提升公司业绩。

在股权激励操作上，主要有现金购买、分红回填、业绩转股等。

思考：你如何理解“用明天的财富激励今天的员工；用社会的财富激励自己的员工”？

第三节　股权激励“9D”模型操作

企业在阿米巴实施股权激励，是否有以下困惑：

（1）出让多少股份？（这次拿出多少股份来激励员工较合适？那下一次呢？）

（2）如何分配股权？（分给谁？怎么科学地将这部分股权分给员工而不至于出现好心办坏事的情况？）

（3）虚实如何选择？（选择虚股、实股，还是期股、期权？老板和员工的想法几乎完全相反！）

（4）以什么价格出让？（赠送、1分钱，还是打折、溢价？钱虽然不是最重要的，但哪种才更有激励作用？）

（5）要公开报表吗？（对他们公开吧，有潜在危险；不公开吧，他们不信任怎么办？）

（6）员工会中途跑掉吗？（得到股权的员工中途跑掉怎么办？怎么才能让他们丧失股权？）

（7）会影响投资吗？（再投资的企业他们也要分红吗？会妨碍我收购、出售、上市吗？）

…………

股权激励实施的成败关键在于把握以下两点：一是如何设计股权激励方案；二是如何完善和实施既定股权激励方案。

因此，根据丰富的股权激励项目咨询经验，我总结出股权激励的“9D”模型，有效落实了“如何设计股权激励方案”和“如何完善和实施既定股权方案”的问题。

何谓股权激励的“9D”模型？即结合不同类型、不同发展阶段的企业特点和需求，独创的股权激励设计和实施控制模型。针对不同企业现状与发展前景，提供“量身定制”的股权激励方案与保证实施效果的应对策略（如图 4－2 所示）。

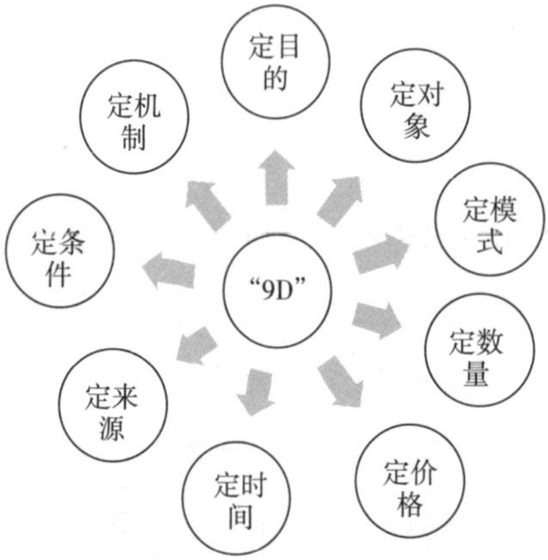

图 4－2 股权激励的“9D”模型

成果6 股权激励的“9D”模型

序号	名称	介绍
1	定目的	确定股权激励的目的，如果仅仅是为了留住人才，那太浪费股权了！股权激励可以达到很多目的，但不同的目的需要选择不同的股权激励方式。 主要目的：提高业绩、回报老员工、降低成本压力、吸引并留住人才、股权释“兵权”

续表

序号	名称	介绍
2	定对象	在阿米巴组织中，你要确定激励的对象有哪些？即股权应该给哪些人？给多少人？根据什么条件给？ 确定股权的授予对象，即期权的持有人，通常由董事会决定，侧重公司的董事、高级管理人员，以及对公司未来发展有直接影响的管理骨干和核心技术人员。除此以外的人员成为激励对象的，公司应在备案材料中论证其作为激励对象的合理性。要综合考虑员工的职务、业绩和能力等因素
3	定模式	确定合适的股权激励模式： ——从企业类型来看 中小型企业：青睐虚拟股票（股份）和账面价值增值权等模式。 非上市企业：通常使用期权、员工持股计划、虚拟股票（股份）等模式。 上市公司：股票期权、业绩股票、延期支付等模式是首选。 ——从激励对象来看 经营者和高级管理人员：期股、业绩股票、股票期权。 管理骨干和技术骨干：限制性股票、业绩股票。 销售部门负责人或销售业务骨干：业绩股票、延期支付
4	定数量	总共拿出多少股份？如何分配到个人？ 股权总量：不超过公司股本总额的10%，首次实施激励计划授予的股权数量应控制在股本总额的1%以内。 股权个量：任何一名激励对象获授的本公司股权累计不得超过公司股本总额的1%，高级管理人员个人股权激励预期收益水平，应控制在其薪酬总水平的30%以内。 高层: 中层: 一般骨干员工 =4: 2: 1
5	定价格	如何计算公司现在的股价？以什么价格给到员工？以什么价格回收员工的股份？ 行权价格：公司向激励对象授予期权时所确定的、激励对象购买公司股票（股份）的价格，根据当天的股票市价确定，高低控制在10%以内。 回购价格：公司股东购买激励对象转让的股票（股份）的价格。①转让日公司每股内在价值（每股净资产）为定价基础；②转让双方谈判的结果

续表

序号	名称	介绍
6	定时间	包括股权授予日、有效期、等待期、可行权日及禁售期。 股票授予日与获授股权首次可以行权日之间的间隔不得少于1年，并且需要分期行权。 股份期权：行权期不得少于2年，行权有效期不得低于3年，有效期内匀速行权。 限制性股份：持股人员必须在公司服务满一定年限，满足条件后才可以以一定价格转让所持股份，退出持股计划；该期限可以根据持股人员岗位的重要性以及与公司发展的密切程度区别规定，短期可为3年、5年，长期可为10年或以上
7	定来源	难道只能减少原有股东的股份吗？ 如何确保原股东让出股份后收益不减？ 股票（股份）来源：发行股票（股份）、回购本公司股票（股份）以及采取法律、行政法规允许的其他方式。 资金来源：激励对象直接出资，激励对象工资、奖金、分红抵扣，企业资助。 要综合评估公司现金流、激励对象收入状况等因素
8	定条件	股权激励并非无条件给予，而是双方共同协定的激励与约束并存。 员工要想获得股权的条件是什么？ 什么条件下应该变更员工的股份？ 员工出现哪些问题会丧失股权？ 员工成股东后工作不努力或业绩不好怎么办？ 股权的授予条件：业绩。 行权条件：激励对象的资格符合要求，公司的主体资格符合要求。两者具备，激励对象才可以行权、获赠或购买公司股票，否则行权终止
9	定机制	如何预防股权激励后决策无法集中？ 财务报表到底该不该如实给新股东看？ 股权激励会不会妨碍引进战略投资者？ 激励计划的管理机制、调整机制、修改与终止机制

操 作

设计一套阿米巴股权激励方案。

阿米巴团队激励
AMOEBA

第五章

阿米巴人才梯队建设

阿米巴人才开发模式的关键，在于提升人才开发能力，培养造就高层次创新型人才，着力创新人才培养体制和模式，努力建设有利于创新型人才发展的人才考评体系，建设人才激励保障机制等。

阿米巴人才开发模式最大的利益点，就是帮助企业培养更多具有经营意识的人才。本章就阿米巴的经营思路和人才培养理念，人力资源在阿米巴管理模式中的定位，以及如何培养阿米巴巴长等方面进行重点讲解。

我们通过阿米巴人才开发模式，使全体员工都能从经营者的角度去思考，帮助企业培养更多具有经营意识的人才。

本章目标

1. 了解：阿米巴人才开发模式。
2. 掌握：巴长的培养方法。
3. 掌握：阿米巴人才开发的四大条件。
4. 掌握："6M" 实效模型。

形成成果

1. 阿米巴核心人才的复制方法。
2. 阿米巴人才梯队建设"6M" 实效模型。

扫码购买配套精品课程

第一节　阿米巴人才开发模式

一、打造阿米巴人才共同体

阿米巴经营模式的最大利益点：培养具有经营意识的人才，最终实现人才共有。企业组织通过有效授权，让全员参与经营，培养年轻人才担任领导。在企业内部设立了许多个阿米巴小组织，每个阿米巴组织都有一个巴长。这样一方面细化了企业的管理；另一方面，以各个阿米巴的领导为核心，让其自行制订各自的计划，并依靠全体成员的智慧和努力来完成目标。通过这样一种做法，一线的每一位员工都能成为主角，主动参与经营，进而实现“人人成为经营者”。

由于企业任命阿米巴巴长的形式相当灵活，当阿米巴领导人才严重紧缺时，可以在现有人才范围内划分组织，把组织划分完毕后，让其上级部门领导或其他阿米巴领导来兼任。阿米巴经营的目的之一，就是培养具备经营者意识的人才，并且挖掘那些虽然在现阶段还不具备足够的经验和能力，但是可能胜任领导职务的人才。

企业要构建高效而卓越的阿米巴组织，就需要具有高度的一致性，要将员工团队培养成四个层次的共同体，实现员工物质和精神的双丰收。这四个层次的共同体是：利益共同体、目标共同体、命运共同体和使命共同体。

利益共同体，即把阿米巴组织当大家庭一样，把公司利益与自身利益看得同等重要，不能只顾个人利益不顾公司利益；目标共同体，即目标一致的利益共同体，个人与阿米巴经营目标是一致的，而不仅仅是利益一致；命运共同体，即阿米巴组织的发展与个人的发展是息息相关的；使命共同体，即个人认同阿米巴的经营理念。如果说，命运共同体靠共同“理念”维持的话，使命共同体则靠共同“理想”来维持。

思考：阿米巴为什么要构建四个层次的共同体？

二、阿米巴需要进行系统管理

阿米巴人才开发模式最大的利益点，就是帮助企业培养更多具有经营意识的人才。一个企业的成长难免会遇到资金不足、开发客户难、人手不足等各种问题。如果企业的经营理念能够得到员工的认同，那么如何增强企业凝聚力，如何让全体员工都能从经营者的角度去思考，在做好自己工作的同时，还能更多地去想如何做好企业，这些问题便可迎刃而解。

人才开发是阿米巴组织发展的动力源泉，是提高企业素质的根本保证。根据现代企业的战略人力资源的思想，阿米巴组织进行人才开发的主体思路是必须围绕战略分解目标、设置岗位、配置人员，做到事人相宜。

阿米巴组织用人的首要出发点是战略性的眼光，根据战略来调配阿米巴组织的人力资源。每个员工的长处和才干都可以分为若干类型，有的擅长组织协调，有的适合技术分析，有的喜欢冲锋陷阵，有的足智多谋。阿米巴组织调配人力资源的出发点，就是使其个人特点与工作岗位相适应。假如不能把个人的才能用到最能发挥其作用的地方去，那对人才来说是一种压制，对阿米巴组织来说是一种极大的浪费。

三、阿米巴的人才开发模式

阿米巴的人才开发模式，主要包括如下几点：

1. 阿米巴的人才选拔，即识别、发现和挑选人才

“治国之道，唯在用人。”阿米巴经营组织也是如此，用人是阿米巴组织领导者的基本职责。再好的决策和计划，如无一批德才兼备、精明强干的人去执行和实施，也是无法实现的。所以，能否最大限度地挖掘和利用人才，是衡量阿米巴组织领导水平高低的一个重要标志。

2. 阿米巴的人才培养

对潜在人才和现有人才进行教育和培训，提高他们的水平。被选拔的人才一般都需经过培训，才能成为符合职业和岗位要求的专门人才。对于阿米巴组织来说，人才培养是多层次的，包括高级经营人才的培养、职能管理人才的培养和

基层管理人才的培养等。

3. 阿米巴的人才使用

把发现和培育的人才安排到适当的工作岗位上，让他们充分发挥作用。

4. 阿米巴的人才调剂

也就是把各种人才从不适合的工作岗位调动到更加适合的工作岗位，使人尽其才。

5. 阿米巴的人才管理

这是人才开发的必要条件，要建立健全各种规章制度、管理档案等，满足人才开发的需要。

6. 阿米巴的人才测评

通过一系列科学的手段和方法，对被试者的基本素质及其绩效进行测量和评定。人才测评的主要工作是通过各种方法对被试者加以了解，从而为阿米巴组织的人力资源管理决策提供参考和依据。

思考：阿米巴的人才开发模式有哪些特点?

第二节　金牌巴长是如何炼成的

阿米巴经营模式要求每个阿米巴组织必须有一个领导人，即阿米巴巴长，并且要求每位阿米巴领导人只能担任一个阿米巴的巴长。在阿米巴组织中，以各个阿米巴巴长为核心，让其自行制订各自的计划，并依靠全体成员的智慧和努力来完成经营目标。

阿米巴巴长是实施阿米巴经营的基层主体，对巴长的要求比对普通管理者的要求更高。阿米巴巴长必须掌握阿米巴经营原理、熟悉经营管理；了解阿米巴内部结算，能够运用“阿米巴经营会计报表”进行经营分析；擅长阿米巴经营管理，不断改善阿米巴经营状况。

一、掌握阿米巴经营原理、熟悉企业经营

1. 掌握阿米巴经营原理，善于激发员工的积极性

阿米巴巴长要掌握阿米巴经营的基本原理，善于激发员工的积极性和工作热情，不断提升业绩，实现阿米巴的经营目标。

2. 善于操作管理系统软件，能够很好地自我管理

阿米巴巴长要能够掌握计算机管理系统的基本原理，掌

握阿米巴内部定价的原理，能够熟练操作阿米巴经营计算机管理软件，进行很好的自我管理。

二、善于运用“阿米巴经营会计报表”进行分析

1. 阿米巴巴长应了解阿米巴内部结算

阿米巴巴长要了解阿米巴经营结算的方法和要求，了解阿米巴经营结算的经营成果内容，而且要了解阿米巴经营考核过程。

2. 阿米巴巴长要能够分析阿米巴经营会计报表

阿米巴巴长要能够看懂和分析阿米巴经营会计报表，学会分析阿米巴的经营成果，学会分析阿米巴的效益点、止损点等，并带领阿米巴员工不断开源节流，创造高收益。

三、阿米巴巴长擅长经营管理，不断改善经营收益

阿米巴巴长要能够了解阿米巴经营管理的基本要求，分析改善阿米巴的经营方法，要不断提高分析问题和解决问题的能力，不断改善阿米巴的经营收益，努力实现阿米巴的经营目标，并且能够给下属员工进行必要的工作指导。

思考：在你公司中，培养阿米巴巴长的方式有哪些？

案例2

山东某公司（化工用品制造企业）是柏明顿的客户。该公司导入阿米巴经营模式已经有两年。在阿米巴巴长的竞聘过程中，先确定阿米巴巴长，由业务部门的上一级和人力资源部门根据参加竞聘的阿米巴巴长的预算、预案、预酬方案可行性来确定最终结果。

阿米巴组织的数量根据市场不断进行调整，包括业务关联性强的阿米巴之间可以相互“兼并”，兼并的必要条件也是通过预算、预案、预酬方案来确定。

在该公司，阿米巴巴长可以选成员，成员也可以选阿米巴巴长。同时，阿米巴成员是动态的，形成“进入、提升、退出”的竞争机制。“进入”就是建立开放平台，能够吸引外部有能力的人才进入阿米巴，从内部来说能够让员工主动抢入阿米巴。“提升”就是让阿米巴员工能够自觉地挑战有竞争力的市场目标（目标动态优化），完成目标后有相应的升迁和发展平台，并作为该阿米巴巴长的后备人才进行培养。“退出”就是退出机制，达不到既定目标，后十位淘汰，在关键岗位设置“鲇鱼”岗。

第三节　阿米巴人才开发的四大条件

任何事物的建设都是有条件的，在阿米巴的人才开发模式中，优秀核心人才的开发需要哪些必备的条件？正如图书成批发行、家具批量生产、店铺重复出现一样，阿米巴人才开发也需要有前提条件，可归纳为以下四点。

首先，明确“我想要的人才”；

其次，甄选“有潜质的人才”；

再次，营造“人才复制环境”；

最后，应用“人才复制方法”。

相关内容如图 5－1 所示。

图 5－1　阿米巴人才开发四个条件的关系图

1. 如何明确“我想要的人才”

明确“我想要的人才”，即明确阿米巴组织需要拥有何种素质、何种能力的人才。

首先，我们要考虑企业战略对人才的要求，进行战略规划，明确阿米巴组织需要哪几方面的人才，需要什么层次的人才；其次，结合企业战略与文化要求，对职位进行分析，按照一定的原则进行职位归类和分层分级；最后，为每个职位建立自己的任职资格标准，即明确在不同的业务领域中，阿米巴组织需要具备什么能力（能力标准）、有哪些行为特征（行为标准）的人才。

当然，阿米巴组织弄清楚“我想要的人才”并非轻而易举，因为任职资格体系的建立是一份复杂的工作。任职资格体系的建立是公司层面的工作，要统一规划，否则，就会造成思想的差异、方法的不同、力量的分散，导致最终的结果是事倍功半。在这里，本书提供一个高效落地的方法，即把你的岗位人才需求认真填入以下三个坐标系中，或许就能帮你落地（如图 5－2 所示）。

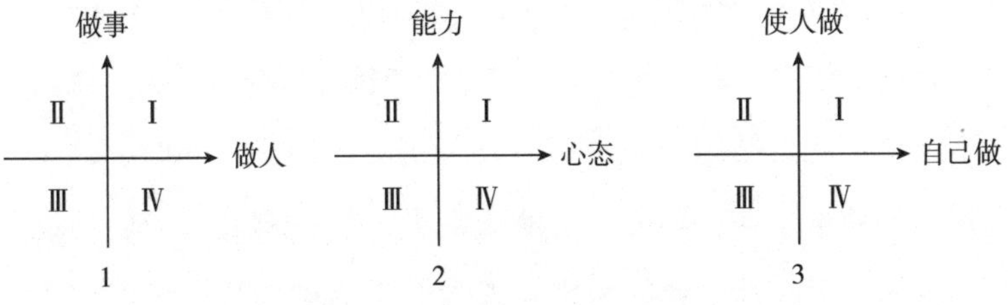

图 5－2　岗位人才需求坐标

2. 如何甄选“有潜质的人才”

“有潜质的人才”，即经过培训之后能够胜任某个职位的人才。

员工是阿米巴组织最重要的资产，而“有潜质的人才”更是阿米巴组织未来发展的关键所在。然而，许多阿米巴组织在甄选、培养“高潜质人才”方面往往毫无章法。他们要么是对“有潜质人才”的衡量标准的认识模糊不清，要么是盲目地招聘博士或硕士生来“装点门面”，要么是让那些踏实可靠的员工因落选而士气低落，要么是制订的培养计划让有发展潜质的管理者脱离了日常经营。结果是使那些“有潜质人才”要么离开，要么被废掉。

阿米巴组织往往是结果导向的，阿米巴组织需要人才的直接目的就是创造绩效！什么样的人才能够创造更好的绩效？有没有一些通行的办法，可以来衡量一个人的领导力潜质，从而判别他是否属于“有潜质人才”呢？

从结果上来看，“有潜质人才”往往需要具备三大要素：第一，绩效表现优异且踏实可靠，能证明自己胜任某个职位，而且能证明自己踏实可靠；第二，掌握新型专业知识、技能，不断地拓展自己的知识领域，管理更大的团队，同时，认识到行为的重要性；第三，有潜质的人才往往有高情商，他们的工作态度、性格和品质影响着他们潜力的发挥，他们追求成就感，对工作充满激情，乐于学习并富有上进心。

所以，对于如何甄选“有潜质的人才”这个问题，本书根据以上三大要素，设计一些甄选方法，或许就能落地（见图5－3）。

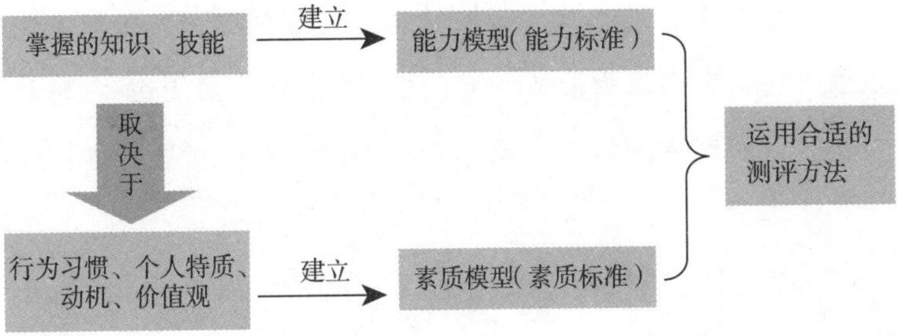

图5－3　甄选有潜质人才的方法

3. 如何在阿米巴组织营造“人才复制环境”

“人才复制环境”，即培养人才所必需的外在条件。

很少有人会在肃穆的寺庙里吵吵闹闹，很少有人会在五星酒店里邋邋遢遢，这并非天性如此，而是环境使然！所谓“近朱者赤，近墨者黑”是也。

阿米巴组织能不能招聘人才、培养人才、留住人才，关键在于这个阿米巴组织是否注重提供良好的工作条件和人文环境。如果人才复制的环境好，那么阿米巴组织就不愁没有人才；如果人才复制的环境很糟糕，那么即使高薪挖来的人才，阿米巴也留不住。

真正的好人才，不仅关注薪酬待遇，更关注自身的价值能否实现。多数人才的离去，不是因为老板给他的薪水不够高、待遇不够好，而是因为他的能力得不到老板的认可，他的成绩得不到老板的肯定，他的人格得不到老板的尊重，他的心灵得不到老板的安慰，他的前程得不到老板的关注，所以人才选择了离开。其实，只要是人，都有梦想。跟对老板成就一生，跟错老板浪费一生。老板有梦想，员工也有梦想。关键是老板错误的做法，让员工看不到企业的希望，他们就不得不离去。

再者，如果阿米巴组织中职责不明、流程不清、权限不分，企业文化缺失，那么在如此的“复制环境”中，又怎么能够使人才“倍”出呢？

所以，在阿米巴组织营造“人才复制环境”，完善如图 5－4、图 5－5 所示的管理基础，或许就能落地了。

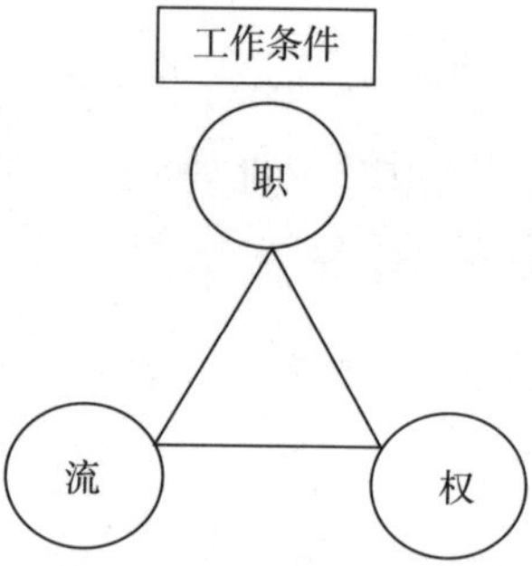

图 5－4　工作条件

图 5－5　人文环境

4. 在阿米巴组织应用“人才复制方法”

我在和企业高层领导进行沟通的时候，发现他们有一个共同的苦恼——缺乏优秀的中高级人才。外面招不来，企业自己又培养不出来，或者培养速度太慢。

出现这个问题是很正常的，因为绝大多数阿米巴组织管理者，对如何培养现代化、职业化人才毫无经验。

相反，国内外某些优秀企业对这方面的问题解决得比较好，他们在人才培养方面做得非常到位。通过特定的策略和方法，每年都能培养出大批人才。在全面考察宝洁、百事、西门子、IBM、华为等国内外优秀企业人才培养经验的基础上，我们总结出了一些人才培养的具体做法。

（1）树立正确的人才理念和培养理念。

管理讲究“明道、优术”，道不明，则术不优。人才培养工作要做好，首要的就是有正确的人才理念和策略。

百事的人才培养工作做得非常优秀，被《财富》杂志评为美国两家最优秀的公司学院之一。它的人才理念很先进：“员工是人力资本，是公司成功所必备资源的第一资源。”“有所成就也就意味着我们要拥有卓越的领导人和一个坚实的团队，能够确保百事公司的未来发展。”“领导人培养领导人。”

（2）确定明确的人才培养标准和目标。

人才培养或培训工作要做好，前提条件是要有明确的标准，只有这样才能事半功倍，培养才有明确的目标。

（3）建立人才培养的有效组织、流程和制度。

人才培养工作是企业所有成员的共同责任，当然，首要的就是最高领导的责任。德鲁克就讲过，管理者的三大职责为：一是出业绩，二是培养人，三是宣传企业文化。

优秀企业通常把人才培养看成“一把手工程”，第一负责人亲自带头培养，组织人才参加培训，言传身教。通用电气的董事长、百事可乐的董事长都经常亲自担任高层管理者的培训教员，甚至亲自拟定教学大纲。

在一个管理完善的企业中，培养工作的参与角色很多，通常包括企业最高领导、人力资源副总裁、其他副总裁、各级管理者、人力资源部门、内部讲师、员工。他们各自的培养角色是非常清楚的。

（4）只培养那些具备特定潜质的可以培养的人。

国内很多企业培养人才的效率和效果都不好，他们感到很纳闷。企业投入的资源不少，但大家就是不满意。分析后，我们发现，一个重要的原因是企业选拔的培养对象不对或者根本没有选拔。许多高级人才特别是高级管理人才是需要具备一些重要的潜在素质的，不是所有的员工都适合当成管理者或者高级专家来培养。优秀企业一般在培养管理人才之前，都要做一些评估筛选工作。

（5）采用科学有效的具体办法来培养人。

阿米巴组织加强企业文化建设，形成乐于培养人的文化氛围。凡是管理优秀的企业，在人才培养方面都形成了一定的文化氛围。管理者和骨干员工把培养人才看成自己的应尽职责，是一项自觉的行为，而不是强制规定的。

①跨部门、地区轮岗，双向交流。轮岗是企业和阿米巴组织培养高层管理者和复合型人才的一种常见做法。在咨询过程中，我们发现一个有趣的现象，往往一些最优秀的人力资源总监、财务总监、IT总监来自一线业务部门，原因就是这些轮岗者往往能站在业务的角度，站在公司的角度来思考人力资源管理问题、财务管理问题、信息管理问题。这些证明了轮岗的价值。

②分派导师，加强在职辅导，制订实施个人发展计划。导师制是一种效果好、成本低的人才培养方式，几乎所有优秀企业都会采取这种做法。

③阿米巴组织采用跨部门的项目锻炼人才。从培养人的效率和效果角度来讲，采用项目的方式是效率最高的，当然也是最贵的。

④阿米巴组织设立助理职位或副职，采用委员会方式，让有潜质者多参与阿米巴经营决策。一些企业设立很多管理委员会进行重大决策。为了培养高层管理人员，他们通常让一些中层干部参加一些重要的决策会议，通过会议锻炼他们的决策能力，转变他们的视角，使他们站在公司的立场、角度看问题，而不是仅仅站在部门角度思考问题。

⑤让培训对象担任讲师。让培训对象担任讲师是一种效

率非常高的人才培养办法，这种办法最大的好处就是促使拟担任讲师的人员要在短时间内系统学习、熟练掌握某领域的知识。否则，他没有办法给大家讲课。

一些可以熟练应用“人才复制方法”的阿米巴组织，每年都能批量培养出优秀核心人才。本书总结了阿米巴组织优秀核心人才的复制方法，仔细察看并深入理解，或许就能落地。

成果7 阿米巴核心人才的复制方法

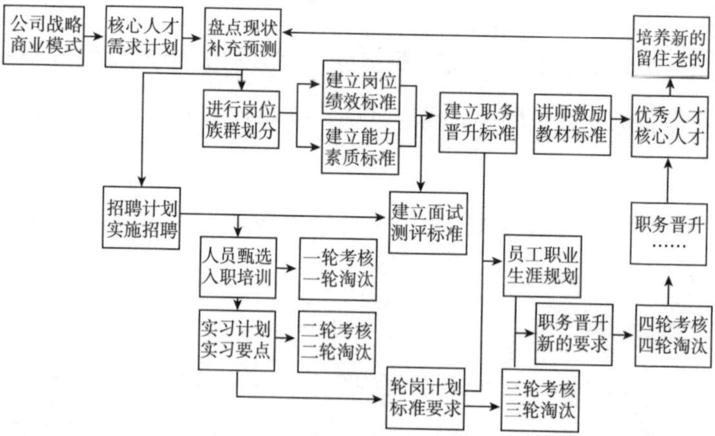

操作

在你公司的阿米巴中，设计“复制核心人才”的流程或方法。

第四节 “6M”实效模型：快速复制巴长

在一些阿米巴组织，管理者大多没有掌握人才梯队建设的流程与工具，更谈不上应用“人才梯队建设的方法”了。他们对如何培养现代化的、职业化的人才毫无经验。

人才梯队建设必须严格遵循一套科学的流程，一些可以熟练应用人才梯队建设的企业和阿米巴组织，每年都能批量培养出优秀核心人才。在这里，我有必要介绍人才梯队建设“6M”实效模型，“6M”模型是我在人力资源管理领域多年来积累的经验，并提出核心人才复制实战对策。

成果8 阿米巴人才梯队建设“6M”实效模型

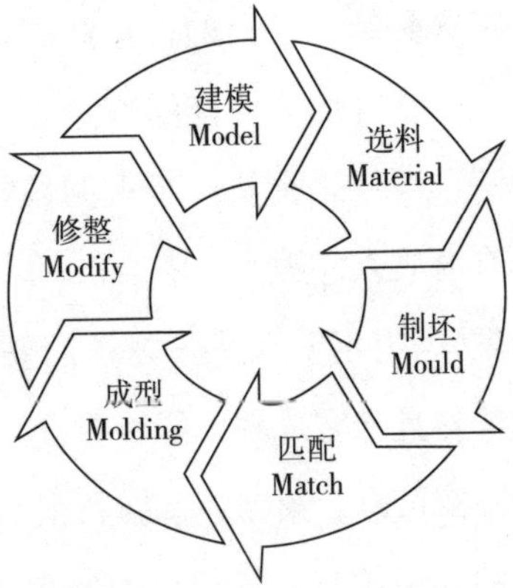

阿米巴人才梯队建设“6M”实效模型，即人才梯队建设需要经过的六大步骤：

第一步，建模（Model）——建立标准。

建模，即建立阿米巴组织所需人才的各项要求。

对于任何人才梯队建设的方法来说，首要的就是必须建立标准模型，所以，阿米巴组织人才梯队建设的建模，实际就是建立“我想要的”人才的各项标准。依据不同岗位的需求，分别建立以下标准：

a. 岗位职责标准、岗位绩效标准；

b. 能力素质标准、职务晋升标准；

c. 甄选方法标准、培养教材标准。

第二步，选料（Material）——人才甄选。

选料，即甄选有潜质的人才。阿米巴组织进行核心人才梯队建设，培养重要岗位的核心接班人，关键点就是甄选“有潜质的”人才。

阿米巴组织往往是结果导向的，企业需要人才的直接目的就是创造绩效！什么样的人才能够创造更好的绩效？有没有一些通行的办法，可以来衡量一个人的领导力潜质，从而判别他是否属于有潜质人才呢？

从结果上来看，“有潜质人才”往往需要具备三大要素：第一，绩效表现优异且踏实可靠，能证明自己胜任某个职位，而且能证明自己踏实可靠；第二，掌握新型专业知识、技能，不断地拓展自己的知识领域，管理更大的团队，同时，认识到行为的重要性；第三，有潜质的人才往往有高情商，他们的工作态度、性格和品质影响着他们的潜力发挥，他们追求成就感，对工作充满激情，乐于学习并富有上进心。

因此，阿米巴组织甄选“有潜质的”人才，就要根据如上三大要素，设计一些甄选方法。而如果企业和阿米巴组织花费大量资金和精力，却总也招不到“有潜质的”人才呢？其实，即便这样企业也不用着急，可参考以下两点：

a. 每个岗位所需要的能力素质不同，因此其面试方法、测评方法也相应不同；

b. 选材对象也包括处于晋升阶段的老员工。

第三步，制坯（Mould）——人岗匹配。

制坯，即阿米巴组织依据不同岗位、不同类型的人才按计划培养的过程。

即使你是伯乐，具有一双慧眼，也要根据用人标准，通过科学的甄选方法，得到“有潜力的”人才，并需要经过实践来检验。

在具体实践中，多数阿米巴组织在人员入职之后，经过简短的注意事项式的培训便可上岗；若是高管入职或者老板自己找来的人员，便连这道程序也免了，按照计划培养与轮岗就做得更少。

如何建立人岗匹配呢？注意以下三点：

a. 通过入职培训、见习、实习等进行筛选；

b. 通过轮岗、转岗、在岗培训等进行筛选；

c. 正式定位并进入专业晋升渠道（如技术类、管理类等）。

第四步，匹配（Match）——专业晋升。

匹配，即阿米巴组织把合适的人放在合适的岗位上，从而形成完美的人岗匹配。

通过第三步的在岗、考核、培训，甚至轮岗、考核、培训，反复考察后，等待晋升的员工是“驴”是“马”已见分晓。是“驴”，就用来负重；是“马”，就用来快跑。

人才分类之后，通过职位胜任力匹配度分析，阿米巴组织可以清楚地了解员工的能力强项与差距，对不同晋升候选人进行横向比较，以做出正确的任命决策。在被任命者没有完全达到目标能力要求时，还可以针对员工的能力短板进行密集的培训，帮助其迅速适应新职位的要求。总之，不同的员工各有所长，总能形成最优的人岗匹配模式。基于胜任力的职业发展方法能帮助公司把员工放到最合适的岗位上，同时使员工有清晰的发展方向和目标。

归类定位完成后，在一定时期之内，员工便要专心地在其工作领域深造；而企业先要明确各级晋升标准，然后告知员工：风光就在楼上，我们会给你梯子，助你往上爬。

参照以下两点：

a. 强调个人特质与岗位相匹配。正式的定位便从某一层级开始培养、考核、晋升。

b. 如果培养复合型人才，也可再考虑新一轮的转岗、轮岗。

第五步，成型（Molding）——持续定位。

成型，即持续在某个领域发展，成为这个领域的顶尖优秀人才。

人岗匹配实际上是一个动态过程，并非一锤定音、一成不变的，也不可以朝三暮四、朝令夕改。定位之后，若是发现晋升的员工并未创造理想的业绩，那么企业首先需要分析外在环境是否制约了员工的能力发挥。如一个销售经理，他业绩不够理想的原因是他的营销能力不强，还是外在的客观因素使然呢？通过客观分析，才能准确判断人岗是否匹配。分析之后，才考虑是否调岗，因为排除外在因素就只能找内部原因了。事实上，学习能力越强的人，越有可能脱离专业而转为复合型人才。所以，从第四步匹配到第五步成型是一个从量变到质变的循环过程，只是越到后期，其过程周期越长，因此古语有云："四十不学艺。"

那么如何处理这个辩证关系呢？注意以下两点：

a. 通过若干次人岗匹配后，就能发现最佳匹配对象，这时就可以持续下去了。

b. 岗位类型基本分为领导、管理、专业三大类型。专业类型又可分为研发、工程、财经、市场、销售等。

第六步，修整（Modify）——追求卓越。

修整，即针对局部不足而进行特别培训，促使人才更加完美，追求卓越。

按照常理，经过匹配、成型之后，培养出来的人才便可以在这个领域快速奔跑。然而经过千锤百炼、层层甄选、严格考核才选拔和晋升的人才，为何还需要修整？答案是，人无完人，再卓越的管理人才，也有不足之处。既然有管理能力上的不足，就要不断对其进行修整、培训，这才是追求卓越的企业和个人应有的选择。

到底应该如何追求卓越呢？可参考以下两点：

a. 如果已经具备了优秀人才的特质，但可能在某些细节方面还需要修整，如个性、形象、领导力、影响力、情商等，那就在这些方面努力。

b. 自己优秀，能不能帮助别人也变优秀？这就是修整一个人乐于助人的心态和助人的能力。

至此，或许有人会问："阿米巴组织建立人才梯队需要这么庞大的工程，操作起来不会有很大难度吗？"人才梯队建设的整个体系的确是个工程而非一件工作，但是在人才梯队建设"6M"体系建立之后，操作也就不再复杂。世事就在为与不为之间，而非难与不难之间。

案例3

柏明顿的客户中，有一家电器研发、生产企业，该公司已经成功导入阿米巴经营模式。该公司已经建立即需即供的管理人才梯队。HR和阿米巴明确责、权、利，通过各类渠道获取人才资源，实施管理人才梯队建设，即基本可以直接聘用的人才已锁定，需定期沟通被吸引的人才、初选通过的目标人选。

HR通过持续跟踪并不断优化目标人选，适时对人才进行分类管理，针对不同类型的人才实施差异化的吸引措施。经过长期不断的沟通，让候选人清晰了解并认同企业的文化和战略，大大缩短了人才配置的周期，保证了人才配置的质量。

巴长对竞选入阿米巴的员工，要定期进行绩效辅导和沟通，并根据实际绩效进行动态优化，以保持阿米巴的整体竞争力。对未能竞选进入阿米巴或竞选进入阿米巴后因绩效等原因又被阿米巴退出的员工，集团公司一般整合资源提供多元化的再竞岗机会。阿米巴员工的动态优化，目标是提升阿米巴员工的活力。

操作

在你的公司中，设计“阿米巴人才梯队建设”的流程或方法。

第六章

阿米巴合伙制激励

关于合伙制，我总结出两句话：出钱多，不一定股份多；股份多，不一定分红多。

合伙机制，更多体现为合伙人的责任和权利。企业为什么需要合伙制？因为阿米巴经营模式把获取利润的责任分到多个阿米巴，分到多个人的身上。

阿米巴合伙制可以使人资关系更加紧密，人才开发更加充分，内部管理更有效率，充分激活核心团队，从而真正地解放老板。

本章目标

1. 理解：合伙机制的核心内容。
2. 理解：为何需要合伙制。
3. 理解：合伙制的六大平衡原则。
4. 掌握：合伙制风险规避。

扫码购买配套精品课程

第一节　何为合伙制

合伙人分为有限合伙人和普通合伙人两种。

作为企业内部管理的一种合伙机制，就不必像合伙企业那么麻烦了，大家通过一个制度来约定游戏规则就可以了。正是因为这种合伙机制操作简单却又行之有效，对合伙人起到激励作用，所以在企业管理中应用广泛。

其实这也是一种合伙制的方式。有钱的出钱，有力的出力；钱多的多出，钱少的少出。根据不同的维度决定如何分配：出力，分多少；出资，分多少。

关于合伙制，我根据做管理咨询项目的经验，总结得出两句话：出钱多，不一定股份多；股份多，不一定分红多。

什么是合伙企业？从法律上来讲，合伙企业即由合伙人共同订立协议，共同出资，共同经营，当然共同分享收益，也共同承担风险，而且这个合伙企业的债务是有无限连带责任的，这是基本的定义。

合伙企业分为两大类：一类是普通合伙企业，另一类是有限合伙企业。普通合伙企业由两个以上的合伙人组成，合伙人对这个企业的债务承担无限责任。

普通合伙企业有一种特殊的类型，即，在所有合伙人中，由一个或几个合伙人来承担无限连带责任；其他的合伙人，只要承担他出资部分的债务责任就可以。

合伙机制包含五大核心内容：搭建合伙平台，组建合伙团队，建立合伙机制，塑造合伙意识，增加合伙价值。

合伙机制，更多体现为合伙人的责任和权利。合伙机制并不一定表现为一个严密的组织，比如说不一定要注册成立合伙企业，也不一定要成立公司，就是几个人内部形成规则即可。像项目合伙制、阿米巴合伙制、事业合伙制都是如此，内部签一个合伙协议或制定制度就可以了。

如果把合伙机制延伸到组合外部资源，比如供应商、经销商、消费者等，一般就需要注册公司。股份公司、有限公司、合伙企业，都是合伙制的一种形式。

思考：你如何理解“出钱多，不一定股份多；股份多，不一定分红多”？

第二节　为何需要合伙制

建立合伙制的原因，主要有三个方面：人性的需要、时代的需要和竞争的需要。

第一，人性的需要。其实在当今社会，很多人已经满足了基本生存的需要，可以直接跳到自我价值实现的需要。针对现代人群这个特点，合伙制可以通过让合伙人出钱、出力或提供其他资源的形式，满足企业发展的需要。企业老板作为大股东，也可以充分赋权给合伙人。双方都能获得满足。

第二，时代的需要。互联网时代的典型特点，就是碎片化。其实在经营过程中，企业也有这个特点，这是整个时代的需要。

我们可以把一个大的公司划分为若干独立核算的小单位，然后实行内部定价交易，这就是一种碎片化，也能激发更多员工的工作热情。

第三，竞争的需要。这个时代的竞争是多元的竞争。你不能靠老板一个人去拉动整个公司，需要大家一起努力来经营。

阿米巴经营模式把获取利润的责任由公司分到多个阿米巴，分到多个人的身上。像以前的绿皮火车，它完全靠火车头拉动若干节车厢，因为动力有限，所以速度就比较缓慢。而现在的动车、高铁，它行驶的动力是分散在每一节车厢上的，所以速度比较快。

思考：你的公司实施合伙制的原因是什么？

第三节　合伙制的六大平衡原则

企业实施合伙制，有六大平衡原则：局部利益与整体利益的平衡、短期利益与长期利益的平衡、物质利益与精神利益的平衡、自由与控制的平衡、个性化与标准化的平衡、入伙与退伙的平衡。

一、局部利益与整体利益的平衡

“唯有把阿米巴做成合伙制，企业才能做久。”阿米巴经营的目标是企业实现“全员参与经营”，可要怎样才能让员工真正地从心底做到与公司共同进退、共同承担风险呢？这就要从阿米巴经营哲学出发，与现实相结合，通过采取合伙制经营模式，让企业员工转变为阿米巴合伙人，将员工与企业发展捆绑在一起，真正实现个人利益、局部利益和企业整体利益的一致性，最终才能合伙把企业的蛋糕做大。

二、短期利益与长期利益的平衡

实施合伙制，必须考虑短期利益与长期利益的平衡。短期利益与长期利益的关系并非“非此即彼”，合伙人必须在两种利益之间协调和平衡。合伙人持有公司股份，就是拿真金白银投资该公司，这也要求合伙人一定要有长远眼光，能够抵御短期利益的诱惑，不要因为急功近利而牺牲长期利益。

三、物质利益与精神利益的平衡

物质利益和精神利益是人们追求的两大目标。合伙人的物质利益主要包括工资、奖金、福利、股权等一切可以用金钱作为衡量标准的财物；精神利益主要指无法用金钱估量的非物质利益，包括荣誉、表彰、声誉等。

因此，实施合伙制，物质利益和精神利益应该协调发展，不可偏执一端。物质利益与精神利益得以平衡，才能留住核心人才，合伙制才能成功实施。

四、自由与控制的平衡

时代需要阿米巴，时代需要合伙制，从管理到赋能，这也是时代的要求。未来的企业最重要的功能是赋能，而不是管理；给予员工的是经营的自由，而不是严格监督和控制。做到自由与控制的平衡，合伙制才能长久持续。

五、个性化与标准化的平衡

如何平衡合伙制实施中的标准化和个性化？在实际操作时，首先，要强调标准化，要按照标准化的要求和流程来处理问题，不能随意改变。如果工作中出现了目前制度和标准无法解决的情况，一些高级合伙人可以采用个性化的方式对待。其次，定期开展合伙人会议，讨论和总结哪些情况是目前标准和制度无法解决的，什么方法更好。从而完善标准，实现合伙机制的优化，平衡合伙制实施中标准化与个性化的关系。

六、入伙与退伙的平衡

入伙与退伙的平衡，首先是入伙方式。入伙是指合伙企业成立之后、解散之前，第三人申请加入合伙企业并被合伙企业接纳，从而成为新的合伙人。新合伙人需要投入一定数额的资本，享有规定比例的合伙企业利润。

新合伙人入伙必须具备一定条件，除合伙协议另有约定之外，新合伙人与原合伙人享有同等权利，承担同等责任。

思考：你如何理解合伙制的六大平衡原则？

其次是退伙方式。按照合伙协议和法律规定，在入伙时平衡合伙人之间的利益，在退伙时平衡合伙人与债权人的利益。

第四节　合伙制风险规避

合伙制风险规避是在考虑到某项行为出现损失的可能性较大时，主动放弃或加以改变，以规避与该项行为相关的风险的策略。

一、四大潜在风险

合伙制的主要潜在风险有：目标没有达成、信息过多披露、上下集体跳槽、上级失去控制等。

1. 目标没有达成

企业目标就是盈利，如果企业投资人的这个目标无法实现，他们就不会投资，也不会聘用员工。如果这个目标长期没有达成，这个组织的生命就终结了。

2. 信息过多披露

企业实施合伙制，对股东、合伙人、投资人披露财务信息，有其必要性。这是合伙制企业筹措资金时应承担的责任。但信息过多披露，也会给企业带来潜在风险。从市场竞争的角度来说，财务会计信息提供得太多，容易造成商业秘密的泄露，一旦泄露，合伙企业将处于不利的竞争地位。

3. 上下集体跳槽

企业上下集体跳槽的背后，通常隐藏着违规问题或巨大的经营风险。一方面，企业上下集体跳槽，容易引发公司的形象危机；另一方面，核心管理层集体跳槽，带走公司技术机密，往往会给企业造成惨重损失。

4. 上级失去控制

实施合伙制，如果上级失去控制权，将给企业带来潜在的风险。企业创始人因股权处理不当，给自己带来惨痛教训的案例比比皆是。

二、合伙制风险规避方法

实施合伙制也有潜在的风险，如果处理不当，容易“一着不慎，满盘皆输”。因此，我们可以采取控制、转嫁、回避等措施来规避风险。归纳起来，合伙制风险规避，主要有如下几种方法。

1. 目标管理

目标管理具有一定的激励功能。目标是靠每个阿米巴成员去实现的，由于目标是自己制定的，个人对其有充分的理解，同时足够重视，愿意为之付出足够的努力，就会很有信心，并激发出很强的工作力量，产生强大的内在动力，在工作中实现自我控制。用自我控制的管理代替上级主管压制性的管理，能充分发挥阿米巴组织成员的聪明才智和创造性，也有利于增强责任感。

2. 信息披露的风险规避方法

从管理实践角度而言，信息披露的核心问题便是所披露信息的取舍问题，需要对信息披露的上限做出界定。

3. 上下集体跳槽的改善方法

（1）未雨绸缪。

确定高危人群：掌握大客户、渠道资源、核心技术、大权者。

防人之心早备：以薪酬、晋升挽留；趁早签订竞业协议。

培养接班人选：列入绩效协议、明确选人标准、实施开发计划。

（2）财散人聚。

内部独立核算：划小利润或成本中心，让他们成为内部老板。

出资购买股份：不出钱则不珍惜。

提高关联福利：收入可以带走，高福利则其他公司未必能有。

（3）权力分化。

核心技术分化：细分环节汇总到股东；标准化，不指望英雄。

客户渠道归公：公司跟进、让利，而不是全部压到个人身上；淡化个人关系。

矩阵分权制衡：专业与行政并存、三角权力制衡、事前监控。

4. 上级失去控制风险规避

推行合伙人制度来规避控制权风险。我们以阿里巴巴为例，阿里巴巴创立的合伙人制度，通过公司章程和相关合伙协议，赋予合伙人提名董事会中大多数董事的权力，使合伙人拥有超出其持股比例的董事会控制权。合伙制的实施，有效地防止了野蛮人的入侵，公司的决策、管理权也都牢牢地控制在阿里巴巴的创始人团队手中。创始人团队牢牢控制了阿里巴巴，控制了董事会，保证公司控制权不旁落他人。

思考：你认为如何规避合伙制中的风险？

阿米巴团队激励
AMOEBA

第七章

如何实施合伙制

时代发展呼唤“阿米巴 + 合伙制”模式。为什么只有老板关注利润，而员工只关注做事本身？为什么部门之间喜欢推诿，而只有老板才能协调？中国企业要做大做强做久，就需要改变以往企业老板一个人承担责任、制定决策、引领发展的局面，需要打造出一支优秀的合伙人团队。

企业实施合伙制，需要掌握三点思考和四步流程。

本章目标

1. 掌握：三点思考——合伙前奏。
2. 掌握：四步流程——合伙设计。

形成成果

1. 选择合伙人评估表。
2. 合伙人四类权限表。
3. 四维个人价值评估法。

扫码购买配套精品课程

第一节　三点思考——合伙前奏

实施合伙制，有三点内容需要考虑：其一，何事需要合伙；其二，合伙制的适用场景；其三，与什么人合伙。

一、何事需要合伙

把企业内部某个业务部门拿出来做成合伙制，由这个业务部门与企业内部多个部门相互交易，这是最常见也最容易实施的做法。

其实施方法如下：

第一，明确各个业务部门是独立核算的利润中心，盘点各个部门现有的固定资产、流动资金，也就是相当于明确了这些部门现在有多少家底。

第二，通过阿米巴定价方法“成本推算法 + 市场参照法”，把产品按照一定的维度来进行分类，并对每一类产品建立定价规则、计算公式，以后就按这个规则、这个公式把产品卖给内部各个有需要的部门，同时鼓励对外销售。

第三，进行合伙制改造。如果业务部门管理层有信心做合伙人，那就一起合伙做。如果管理层没有合伙的意愿，公司就把这些生产线完全承包给外部或者引进外部合伙人、股东。公司进行内部合伙制改造时，资产按1∶1的原价卖给内部人员；对外合伙制改造时，就执行谈判的结果。

操作

你公司何事需要合伙？请列出清单。

二、合伙制的适用场景

在不同的场景中，企业所选择的合伙人是各有特点的。根据咨询经验，我归纳出合伙制的五个适用场景，更好地帮助企业内部导入合伙制。

第一，要引进高级人才。吸引特别优秀、有突出能力或优质资源的人才加入合伙人，是合伙制普遍适用的场景。

第二，要拆分现有的业务。这个时候拆分出去的部分，最好也采用合伙制。比如某平台发展壮大后，需要将物流业务拆分出去，那独立出来的物流部门就适用合伙制。

第三，要变革管理模式。管理模式变更，也是导入合伙制的一个有利的契机。例如将创造利润的阿米巴注册成合伙企业，或者至少建立合伙机制，就是非常有利的。

第四，要延伸现有的业务，也是导入合伙制的好时机。

第五，要引进新的项目。这个新引进的项目也适用合伙制，其实业务延伸也相当于开拓新的项目。

以上这五个场景是比较适合采用合伙制的。当然，公司内部要想做好合伙制，由于内部都有交易关系，所以前提是把这个账算清楚，即定价要定得很清楚。定价不清楚，最后可能导致几个合伙人不欢而散。

内部交易的定价，就是计价的方式、方法、规则要确定下来，这就符合阿米巴经营模式的分、算、奖：分得清楚，算得明白，奖得到位。

思考：你公司实施合伙制的场景是什么？

三、与什么人合伙

对合伙人的选择，我们需要建立一个比较理想的人才模型。合伙人，一定是愿意承担风险，有承担风险意识和能力的人。如果过于求稳，也就不适合做合伙人。

对合伙人的选择，就归纳为“三愿三有”。“三愿”就是愿意接受挑战，愿意承担风险，还要愿意出一定的资金。这是要他发自内心愿意的，强扭的瓜不甜。“三有”，即有道德、有能力、有资源。当然还可以细分，比如说有能力，企业需要的是经营能力，还是专业能力，等等。我们细分下来，就可以建立一个理想的人才模型。

思考：你认为什么样的人适合做你的合伙人？

第二节　四步流程——合伙设计

如何建立合伙机制和推行合伙机制，一共分为四步流程：确定合伙人、确定权责分工、确定股份占比、确定协议条款。

一、确定合伙人

你跟谁合伙？是长期的人才还是短期的人才？只有弄清楚目的才能找到适合的合伙对象。

（一）需要什么合伙人：三维组合

需要什么合伙人，可通过三维组合确定，即横向组合、纵向组合、时空组合。层次要有高有低，如果合伙制里的人才都是一个级别的，就很难有效提高执行力。

第一，横向组合。横向组合包括上游资源（平台合伙人）、下游终端（生态合伙人）和外部资源（整合成为资源合伙人）等。横向组合需要控制数量和质量。

上游资源（平台合伙人）。企业都有“进”和“销”，上游指的是“进”。原材料、服务来源无非两种：一种是生产商，另一种是贸易商。企业需要联结行业内比较知名的上游资源端，以保障公司长期稳定的货物供应。因此，为长期保障上游供应，公司需要出让一部分股份，形成利益共同体，发展资源端成为平台合伙人。

下游终端（生态合伙人）。“销”指的是下游。企业需要借助于渠道商、经销商，而渠道商、经销商又是公司之外的利益体，本身不为公司所占用，以往单纯靠销售分成的利益关系十分薄弱。因此，在企业无法自主掌握销售渠道的前提下，需要借助于下游的力量完成销售，实现轻资产运作。公司可拿出一部分股份，用作对经销商的股权激励，促进经销商与公司互惠共赢，打造比“短期收益”更加有效的利益关系，即将经销商发展成为生态合伙人。

外部资源（整合成为资源合伙人）。投资人等外部资源，不跟公司的业务发生直接关系，但是能为公司发展提供资金、信息等支持。对于资源方的合伙机制来说，以短期的经济报酬为主。

此外，那些有社会关系的人士，只要能给公司带来价值，就不要排除在合伙人的范围之外，包括有客户资源的、公关资源的、提供管理咨询与技术指导的，等等。

第二，纵向组合。纵向组合主要包括股东层面的创始合伙人、中高层的事业合伙人、业务板块的运营合伙人、阿米巴单元的一线合伙人等。在纵向组合中，需要设计不同的类型和层级。层级要有高有低，如果合伙制里的人才都是一个级别的，就很难有效提高执行力。

股东层面的创始合伙人。在实践中，创始人可以成为股东，可以成为董事长，可以成为总裁，还可以成为创始合伙人。创始人对公司起到重要的作用，创始人之间的关系要优先理顺，共创共担共享，才能使公司做大做强做久。

中高层的事业合伙人。中高层的事业合伙人，主要是指公司的副总、总监、经理等中高层管理人员。合伙人机制、股权激励不仅能激励他们全力以赴地工作，还能完善公司治理结构。而给予股份，也就意味着给予责任和赋予未来收益。当公司的发展与每个人的利益有关时，所有人都会“付出不亚于任何人的努力”。

业务板块的运营合伙人。业务板块指事业部、分公司、子公司等，通常适用于多元化的公司或集团化企业。发展业务板块的运营合伙人，可以激励他们在自己的“一亩三分地”创造更好的业绩。

阿米巴经营单元的一线合伙人。阿米巴经营单元虽然组织规模小，但职能全、数量多。如何激发基层员工的积极性，就显得尤为重要。可以通过赋予阿米巴团队充分的责、权、利，制定相应的收益机制，从合伙机制上进行优化。

第三，时空组合。时空组合指不同的区域，这个区域是指员工的来源。比如公司要开展一个新业务，几个合伙人就要相互认识，最好是合伙人自己组合。

如果是公司成熟的业务，合伙人可以从公司内部提拔。比如公司提拔你当这个合伙人团队的负责人，但公司并不希望所有的合伙人都由你提出。因为公司没必要把那么大的现有的成熟业务和风险都交给你。

（二）如何选择合伙人：合伙人评估

合伙人评估就是从前文所述的五个合伙制场景中，选择有道德、有能力、有资源的合伙人。有道德、有能力、有资源，哪有这么好的事情？在五个不同的场景中，要有不同的人员选择，比如公司要引进高级人才，有营销的高级人才、技术的高级人才等。可以根据每个合伙场景自身的特点，按不同的标准分配 1 ~5 分，然后面谈时给候选合伙人打分，打分结果达到标准配分的比例越高，表示你越能接受他成为合伙人（见表 7 -1）。

操作

根据选择合伙人评估表，进行合伙人选的评估。

成果9 选择合伙人评估表

表7-1 选择合伙人评估表

		三愿			三有															
					有道德			有能力									有资源		
								经营能力			承受能力			专业能力					
		愿意接受挑战	愿冒风险	愿出资本	有理想	有担当	有责任	领导能力	经营能力	管理能力	经营压力	挫折压力	经济压力	研发能力	生产能力	销售能力	社会资源	客户资源	资本资源
引进高级人才	营销人才	5	5	5															
	技术人才	1	1	2															
	管理人才	1	1	1															
	生产人才	1	1	1															
	……																		
拆分现有业务	职能拆分																		
	产品拆分																		
	品牌拆分																		
	区域拆分																		
	……																		
变革管理模式	治理结构变革																		
	经营模式变革																		
	组织结构变革																		
	作业方式变革																		
	……																		

续表

		三愿			三有																
					有道德			有能力									有资源		
								经营能力			承受能力			专业能力					
		愿意接受挑战	愿冒风险	愿出资本	有理想	有担当	有责任	领导能力	经营能力	管理能力	经营压力	挫折压力	经济压力	研发能力	生产能力	销售能力	社会资源	客户资源	资本资源
延伸原有业务	上游资源延伸																		
	下游终端延伸																		
	横向相关延伸																		
	横向多元延伸																		
	……																		
引进新的业务	投资型业务																		
	研发型业务																		
	加工型业务																		
	顾问型业务																		
	……																		

二、确定权责分工

选择了合伙人之后，我们要确定每一个合伙人的分工和责任。合伙人也好，阿米巴也好，追求的目标是通过把责、权、利下移，来激发大家的经营潜力，从而获得更多的收益。

在合伙制中，要把每一个人的职责说清楚。我认为，真正的合伙人一定要对经济负责任，对收益负责任。所以，经营者的责任可以简单理解为对“财务数据”负责，管理者的责任可以简单理解为对经营活动的“过程数据”负责。

（一）主要责任

我们可以把合伙人的一级责任分为五个层次，分别为对资产收益负责、对经营利润负责、对销售收入负责、对成本降低负责、对费用节约负责。

第一，对资产收益负责。通常对这个指标负责的往往是合伙事业的最高决策人，比如董事长或总经理。责任越大，权力也就越大；权力越大，经营活动选择的空间也就越大。

第二，对经营利润负责。作为经营者，要对企业的销售利润负责，也就是说，盈利还是亏损与经营者的决策有关。

第三，对销售收入负责。销售人员只负责把东西卖出去，产品价格由老板说了算，所以老板对销售收入负责。

第四，对成本降低负责。成本降低与费用节约是两个概念，所以要分成两种不同的责任，或是独立核算的阿米巴。对降低成本负责的往往是担任研发、生产、采购的合伙人。所以，我喜欢用“成本降低”而不是“成本控制”来确定合伙人的责任。

第五，对费用节约负责。所谓费用，从财务专业的角度来说，主要包括管理费用、销售费用、财务费用三大块。

节约费用与降低成本不同，要根据不同的费用科目才能确定是不是要“节约”，因为有的费用节约了，就“极有可能影响到产品或服务的质量”，这主要包括“三大开发费用”，即人才开发、产品开发、市场开发。除了“三大开发费用”外，有的费用是可以导向节约的。

合伙人，特别是对经营负责的合伙人，其压力比一般的经理人更大。阿米巴经营模式和合伙制的关系，就像钢筋和水泥的关系，非常吻合。

思考：你如何理解“阿米巴经营模式和合伙制的关系，就像钢筋和水泥的关系”？

（二）量化分权

量化分权，一般来说有四大类：人事权、财务权、业务权、信息权。

设计量化分权，我们可以采用“置顶思维”往下推演，也就是看某一类权限的最大授权是什么，能不能把这个权限赋予相关合伙人。如果不能，那么就退而求其次；还不行，就求再次。

根据我的经验，这四类权限从大到小如表 7－2 所示，大家可以参考使用。

操作

按照合伙人四类权限表，填写各级合伙人的权限。

成果10 合伙人四类权限表

表7-2 合伙人四类权限表

		一级合伙人	二级合伙人	三级合伙人	……
		一级主管	二级主管	三级主管	……
人事权	录用权				
	解雇权				
	晋升权				
	调岗权				
	调薪权				
财务权	固定资产				
	生产资料				
	办公费用				
	销售费用				
	对外捐赠				
业务权	销售政策				
	研发确认				
	质量标准				
	生产工艺				
	对外关系				
信息权	资产回报				
	税后利润				
	税前利润				
	营业收入				
	成本费用				

三、确定股份占比

难点和重点是确定股份占比：二类入伙价值、三种合伙时态、四维个人估值方法、五种企业估值方法。

（一）二类入伙价值

我前面说过“出钱多的不一定股份多”，因为合伙人用于入伙的价值有两种：出钱、出力。这里又可以细分成多种情形，不同的情形会影响对合伙人入伙的价值评估。如图 7－1 所示。

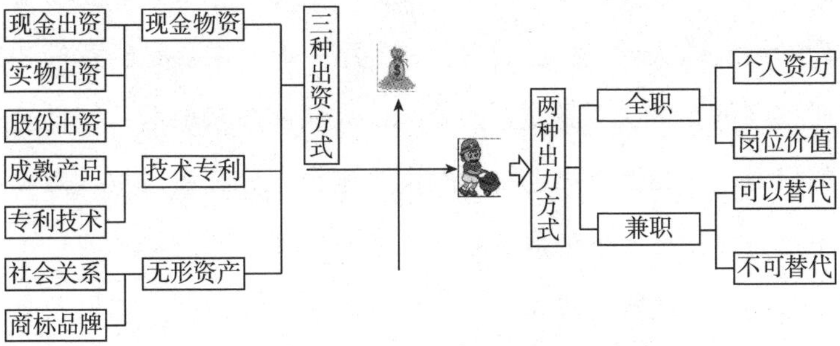

图 7－1　合伙人入伙价值评估

从图 7－1 中我们不难看出，出力有两种方式：一种是全职，另一种是兼职。全职分为做一般的合伙人，还是做掌舵的合伙人。兼职也有可以替代和不可以替代两种方式。

出资的方式有三种：现金物资、技术专利、无形资产。

第一种，现金物资。这种包括现金出资、实物出资、股份出资三种形式。

第二种，技术专利。如果你没钱，但是有研发产品，有专利技术，也可以作为合伙出资的方式。如果你有成熟的产品，可以给你10%的股份；如果你只有一个专利，只能给你2%的股份。当然，这只是举个例子，在实际操作的过程中，股份占比是可以商量的。

第三种，无形资产。你有好的商标品牌，或者你的社会关系广泛，能够对公司融资或业务有所帮助，也可以作为出资的方式。当然，这种方式是不好评估的。

在评估合伙人的入伙价值时，要注意如下几点：

第一，出资合伙人与出力合伙人事先达成共识。要以书面的形式确认双方约定的内容并签字。内容主要是经营权和股权（财）的关系约定，出资合伙人只在股东层面行使自己的权力，比如投资决定权、融资决定权、分红决定权、撤资决定权，而不插手经营事务。

第二，出资合伙人是否共享资源。出资合伙人如果拥有与公司相关联的资源（如客户资源），是否可以提供给合伙企业，最好事先明确下来。

第三，出力合伙人最好拥有绝对控股权。合伙人分为只出资不出力、只出力不出资两种类型，前者的目标是投资回报，后者的目标是能力回报。因此，在合伙之初，出力合伙人最好拥有绝对控股权，以保证公司的发展不被资本绑架，也

思考：你如何理解“二类入伙价值”的内容？

能激发出力合伙人付出不亚于任何人的努力。

（二）三种合伙时态

三种合伙时态包括合伙成立新企业、合伙投资老企业、合伙经营老企业。第一种是主导经营，第二种是无经营，第三种是管一部分。参与者的参与程度不一样，结果就不一样。如图 7 –2 所示。

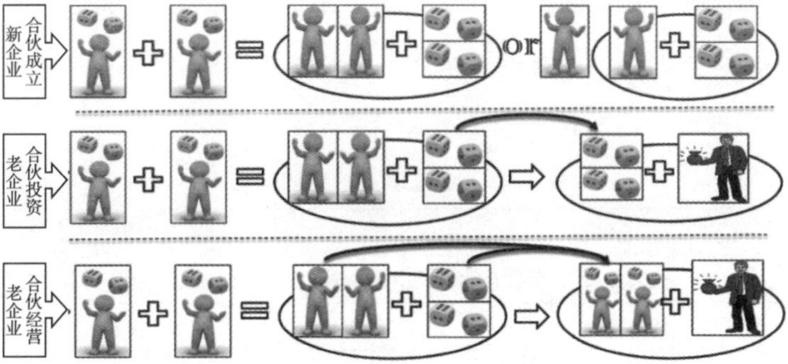

图 7 –2　三种合伙时态

第一种合伙时态是合伙成立新企业，要求主导经营。企业要评估你的股份占比，首要的就是看你手中有价值的东西。

第二种合伙时态是合伙投资老企业，无须参与经营。高管成立合伙企业，给老企业投资，将获得一定比例的股份。老企业本身有总经理、副总经理，这个合伙企业投资老企业，只有股份，无须再参与老企业的经营。

第三种合伙时态是合伙经营老企业，参与经营，甚至主导经营。合伙人需要像创业者一样全身心投入，投资入股，参与管理，分享企业成长带来的价值。

（三）四维个人估值方法

一个人在合伙事业中股份占比多少，不只取决于出钱多少，出力也是可以折算成股份的。

一个人对公司是否有价值，要看你的价值用在哪个地方。

出钱、出力分别有多种形式。出钱多少一目了然，可是出力怎样折算成股份呢？到底是出钱重要还是出力重要？这不能简单回答，要看合伙事业的具体情况。我把合伙事业分为四种情况，如表7－3所示。

表7－3 合伙事业的四种情况

	出钱	出力	合伙企业	对外投资
情形一	所有合伙人	所有合伙人	经营主体	不对外投资
情形二	所有合伙人	部分合伙人	经营主体	不对外投资
情形三	所有合伙人	都不出力	投资主体	只对外投资但不参与经营
情形四	所有合伙人	部分合伙人	投资主体	投资且参与但不主导经营

合伙企业又可以根据经营范围分为轻资产企业、重资产企业。

所谓轻资产企业，简单说来就是企业的经营与发展主要是依靠人的智力、社会关系等，不需要投入多少固定资产，扩大再生产也不取决于现金流与固定资产，当年的利润很大比例都可以用来分红，就是“钱没有那么重要，人才才是最重要的”。

所谓重资产企业，特征与轻资产企业相对，恕不赘述。

操作

你公司推行合伙制，面对的是哪一种情形？请自行评估。

情形	出钱	出力	合伙企业	对外投资

成果11 四维个人价值评估法

					合伙+全程经营		合伙+投资+不经营		合伙+投资+主导经营		合伙+投资+参与经营	
					轻资产企业	重资产企业	一次投融资	多次投融资	轻资产企业	重资产企业	轻资产企业	重资产企业
出力	全职	岗位价值										
		个人资历										
	兼职	不可替代	平时支持	沿革指导								
				间或顾问								
			危机公关	致命损失								
				重大损失								
				一般损失								
				轻微损失								
		可以替代	内部人情									
			外部人情									

续表

				合伙+全程经营		合伙+投资+不经营		合伙+投资+主导经营		合伙+投资+参与经营	
				轻资产企业	重资产企业	一次投融资	多次投融资	轻资产企业	重资产企业	轻资产企业	重资产企业
出资	现金物资	现金出资									
		实物出资									
		股份出资									
	技术专利	成熟产品									
		专利技术									
	无形资产	商标品牌									
		社会关系	商业关系								
			政策关系								

（四）五种企业估值方法

针对上市公司和非上市公司，共有五种企业估值方法：市盈率PE法、市净率PB法、市场法、收益法和资产法。具体内容见表7－4。

表7－4　五种常用企业估值法

方法名称	计算公式	参考数据	适用对象
市盈率PE法	市盈率＝每股价格/每股收益	市盈率可参考同行上市公司数据	轻资产企业
	每股价格＝每股收益×市盈率		

续表

方法名称	计算公式	参考数据	适用对象
市净率 PB 法	市净率 = 每股价格/每股净资产 每股价格 = 每股净资产 × 市净率	市净率可参考同行上市公司数据	重资产企业
市场法	公司价值 = 市盈率 × 未来 12 个月的利润或未来 3 年平均利润	同行上市公司市盈率为 30 ~ 40 倍	适用于成熟且有利润的企业
		同行同等规模的非上市企业市盈率为 15 ~ 20 倍	
		同行规模较小或初创企业市盈率为 7 ~ 10 倍	
	公司价值 = 市销率 × 未来 12 个月的收入或未来 3 年平均收入	标准普尔平均市销率确定为 1.7	适用于初创或无利润的企业
		软件公司平均市销率为 10 左右	
		零售行业平均市销率为 0.5 左右	
		上市公司平均市销率 2.13	
收益法	收益率 = 每股收益/每股价格 每股价格 = 每股收益/收益率	初创期收益率 50% ~ 100%	适用较广
		企业早期收益率 40% ~ 60%	
		企业晚期收益率 30% ~ 50%	
		更成熟的企业收益率 10% ~ 25%	
		互联网企业 5 年增长 10 倍，则其平均收益率为 200%	

续表

方法名称	计算公式	参考数据	适用对象
资产法	公司价值 = 公司净资产 × 折算倍数 净资产收益率 = 税后利润/所有者权益	清算阶段资产打折 10% ~100%	适用于重资产企业，估值最低
		0 元收购但承担债务	
		重置阶段 净资产的 80% ~ 100%，无形资产重估	

1. 市盈率 PE 法

上市公司一般都会应用这种方法估值，适用于轻资产企业。其计算公式：

市盈率 = 每股价格/每股收益

市盈率反映了企业的利润状况。如果把公司卖出去，大概能有 7 倍收益，那么公司的市盈率就是 7 倍。根据这个公式，我们可以换算成以下公式：

每股价格 = 每股收益 × 市盈率

怎么知道这个市盈率是多少？可以参考同行的上市公司的数据。对于买股票的人来讲，市盈率越低越好；对于卖的人而言则相反。不管你用什么评估方法，都只是做一个大概的价值评估。

2. 市净率 PB 法

上市公司多用此法，其适用于重资产企业。计算公式：

市净率 = 每股价格/每股净资产

一般来说，市净率较低的股票，投资价值较高；相反，则投资价值较低。但在判断投资价值时，还要考虑当时的市场环境，以及公司经营情况、盈利能力等因素。

应用市净率 PB 法估值时，首先，应根据审核后的净资产计算出每股净资产；其次，根据行业情况（参考同行上市公司的市净率）、经营状况及其净资产收益等拟订估值市净率；最后，依据估值市净率与每股净资产的乘积决定估值。

3. 市场法

非上市公司一般都会应用这种方法估值。市场法有两个计算公式，第一个计算公式为：

公司价值 = 市盈率 × 未来 12 个月的利润或未来 3 年平均利润

这种方法适用于成熟且有利润的企业。如果同行上市公司市盈率为 30 ~ 40 倍，则同等规模的非上市公司的市盈率为 15 ~ 20 倍，同行规模较小或初创企业市盈率为 7 ~ 10 倍。第二个计算公式为：

公司价值 = 市销率 × 未来 12 个月的收入或未来 3 年平均收入

这种方法适用于初创或无利润的企业，尤其是未来增长速度较快的企业，比如互联网企业。

4. 收益法

收益法指投资的回报率，非上市公司多采用此法。其计算公式为

收益率 = 每股收益/每股价格

常见收益率即资本成本范围。初创期收益率是 50% ~

100%的回报，等公司稳定了，你的回报就低了。企业早期收益率为40%～60%，企业晚期收益率为30%～50%，更成熟的企业收益率为10%～25%，互联网企业5年增长10倍，则其平均收益率为200%。

企业越成熟，收益率越低。这个企业各业务发展已经很成熟，如果有融资的需求，一般都倾向于向银行贷款，或者公司没有别的资产进来，才会要个人的钱。成熟企业的客户、产品、技术、渠道、管理都很稳健，一个稳健的企业市盈率就高。

5. 资产法

非上市公司多采用此法，适用于重资产企业，估值最低。当你用资产来谈判的时候，很吃亏。其计算公式是

公司价值＝公司净资产×折算倍数

应用资产法，主要发生在企业清算阶段和重置阶段。

（五）确定合伙人股份比例

现在我们可以根据以上内容来尝试评估一下除现金出资外的价值如何折算成合伙企业的股份。

1. 给各个维度、子维度设置权重

要想认真做好这一步，其实也不简单，方法大致分为三类：主观权重法、客观权重法、组合集成权重法。每一类方法又可以细分成很多种算法，我就不一一介绍了。大多数企业喜欢用主观权重法，这种方法主要就是通过有经验的专

家结合现状来设置权重，并不断在实践中加以修正。

（1）先给“出钱”和“出力”这两个因素分配权重或分值。

（2）如果所有合伙人都是全职，而且都是做技术出身的，那么岗位价值就占90%、个人资历就占10%。岗位就采用国际通用的《岗位价值评估体系》来打分，个人资历主要看其在本行业的经验、技术职称等。

2. 确定各人的股份占比

确定每一个合伙人的股份比例，就回到我们前面的一句话了，“出钱多的，不一定股份多”，这很重要。这也是合伙机制或者合伙企业非常灵活的优势。

为什么会说出钱多的不一定股份多呢？我们知道可以记入股份的合伙人有两种价值：要么出钱，要么出力。

出钱当然直接转化为股份，但是出钱也有很多种。出现金，很容易转化成股份。如果出的是技术呢，就要去评估了。出的是无形资产，更要评估，要折现。无形资产如果不转化为实际价值的话，就没有什么价值。所以，这三种都是出资的方式。

出力也有两种：一个是全职，一个是兼职。第一个全职很好理解，就是在公司有负责的岗位，根据岗位价值和个人资历确定股份占比。第二个兼职的情况也分很多情形，比如平时可以对公司的发展进行指导或提供业务咨询，遇到紧急状况可以进行危机公关，还有就是自己的社会资源可以为公司发展提供帮助。这些个人价值也可以转化为公司的股份。

在一家企业里，“出钱多的，不一定股份多”。出资多少和股权占比不一定会成正比，即使出钱一样多，股权占比结果也会有所不同，入股方式才是决定股权大小的关键要素。入股方式包括技术入股、管理入股、渠道资源入股等，有的合伙人入股方式是现金 + 全职，有的入股方式是现金 + 技术 + 全职，有的入股方式是社会关系 + 兼职。只有分析出权重比才能确定合伙人股份比例。

例如在技术入股中，技术就是核心竞争力的一个关键因素，经过内部初步评估和法人评估达成一致，确定技术的价值，从而确定技术入股的占比。如果合伙人是以技术专利入股，帮助公司进行产品自主研发和创新，那么该合伙人可能虽然出很少的钱，但可以占很大比例的股份。而最开始出钱多的合伙人，现在对公司价值不大，不一定股份多。

操作

确定合伙人股份比例的设计。

四、确定协议条款

第四步就是要确定协议条款。

合伙制企业本身定义就是把合伙协议作为本企业的最高

行为准则。如果是有限责任公司，则有公司章程，股东协议不能超越公司章程的范围。而合伙企业所有股东共同订立的、都认可的协议，就是这个企业的最高行为准则了。

设计合伙协议，需要找专业人员帮助。为了避免合伙人相互之间的不愉快，需要专业顾问来设计合伙协议，或者是找律师提供帮助，但是律师可能只是从规避法律风险的角度来提建议。所以，真正要做好一个合伙企业，包括怎么经营，怎么合伙，最好找专家顾问，他考虑的问题会比较全面一些。

确定协议条款。条款的内容有哪些呢？这正是我们下一章要讲的，就是合伙制的五大机制，这五大机制的内容确定清楚，可以减少甚至避免合伙人之间的不愉快。

合伙制的协议，很多内容是需要协商的，比如出资数额、盈余分配、债务承担、入伙、退伙、合伙终止等事项，协商好之后，才能订立书面协议。

阿米巴团队激励
AMOEBA

第八章

合伙制的五大机制

合伙制的五大机制，包括责任与授权机制、目标与考核机制、审计与监察机制、分配与激励机制、退出与结算机制。

合伙制的五大机制，是为了在合伙人的协议里把应该约定的条款详细列出，能想到的问题应提尽提，以避免或减少以后合作中发生不愉快。

本章目标

1. 理解：责任与授权机制。
2. 理解：目标与考核机制。
3. 理解：审计与监察机制。
4. 理解：分配与激励机制。
5. 理解：退出与结算机制。

形成成果

合伙人股权基本结构与配比。

扫码购买配套精品课程

第一节 责任与授权机制

1. 明确责任

选择合伙人之后，就要把合伙人的分工、责任明确下来。最好是能够关联到企业经营的经济责任，而不是一些定性的、泛泛而谈的责任。约定好每个人是对资本负责，对利润负责，对成本负责，还是对预算的费用负责。

这些责任的内容必须量化，没有达到目标的，轻则减少年薪、行政降级，重则减少股份，直至退出合伙人。

每位合伙人的责任必须写入合伙人协议之中或作为合作协议附件。

2. 授权机制

授权也要量化、细分。

合伙企业中的事，到底谁最终说了算，必须有明确的规则。人事权、业务权、信息权、财务权，都必须有明确规定，要赋予高管为达成目标所需要的清晰的权限。如果规则不合理、有问题，可以修改，这种合伙制就比较长久。如果合伙企业里面的职责和权限不明，则合伙制很容易崩溃。

思考：你如何理解合伙制的责任与授权机制?

第二节 目标与考核机制

在合伙制中，不同的人对应的经济责任可能就不同。

比如，对资本负责的人，那么他的目标导向就是让资本保值增值。因此，他的考核的一级指标就是投资回报或者EVA，就是资本附加值。二级指标可能有很多，比如资本增值率、年化收益率、回收及时率、投资管理的费用占比等。

如果是对利润负责的人，目标导向就是超越利润。他的考核的一级指标，就是目标利润达成率。二级指标也有很多个，比如新客户的增长率，新产品销售占总销售额的比例。

如果是对成本负责的人，他的目标导向就是要低于目标成本。他的考核的一级指标应该就是目标成本的控制力。那么二级指标可以转化成好几个，如设备运转率、产品直通率、质量合格率以及准时交货率。

如果是对预算的费用负责的人，他的目标导向就跟前面三个有点不太一样了。他未必要强调降低多少预算的费用，而要强调的是把事情办得更好，因此考核的是各个过程性的指标。比如员工满意度、员工流失率、项目申报成功的个数、财务费用率等。

操作

设计目标与考核机制。

第三节　审计与监察机制

审计与监察机制主要是列一个清单，说明审计哪些事情，监察哪些事情。清单列得越详细，审计、监察就越能做到有的放矢。

比如一级菜单是监察经营计划与执行的情况，二级菜单就是财务监审、风控监审、日常的运营监审。运营监审又包括采购监审、营销监审等。采购监审包括采购的流程、供应商的选择、价格的比较等。营销也是一样的，对广告的投放是否正确，要列个清单出来。

我们要注意的是，审计监察不能变成被审计监察的管理者、顶头上司。你只能审计监察他做的事情是否合规，至于这个事情本身是否该做，不是审计监察的责任，也不在审计监察的权力范围内。

思考：实施合伙制为什么必须要有审计与监察机制？

第四节　分配与激励机制

我们在前面谈到了“出钱多的，不一定股份多”，这里就详细阐述“股份多的，不一定分红多”。这两个方面的内容是合伙人机制的核心内容。

“股份多的，不一定分红多。”假设躺平后你的绩效做不好，就会影响你的股份比例。不能说我拿到这么多股份，以后我躺平也按这个股份来分红。

本节内容尤其重要，也较复杂，我将本节知识点及其逻辑关系写出来，方便读者理解。

一、分配机制

每位合伙人都有合伙价值，有的出钱，有的出力，有的出无形资产。但是在不同目的的合伙企业里，出钱、出力、出“名”的价值是要重新被评估的。

合伙制的分配，主要包括收入来源、分红方法和增值收益。

1. 四种收入来源

合伙人的收入来源，归纳为四种：工资（劳动报酬所得）、奖金（超额贡献所得）、股息（资本保障收益）、股红（资本增值收益）。

（1）第一种收入：工资——劳动报酬所得。

如果从其他合伙人中选择高管，年薪和奖金就不可能完全市场化了，通常有以下三种处理方法：

①固定月薪+年终超额奖金。

约定一个相比市场薪酬水平较低的月薪，一般在其50%~80%，再加上超额完成目标利润的奖金。既然固定工资偏低，又是超出利润目标的，那么奖金比例就应该高一些。

②约定年薪总额，部分以分红的方式体现。更大的收益不能指望年薪，而是利润分红、资产增值，甚至是上市。

③年薪全部以优先分红方式体现。

这与上一条规则有点类似。我们请不起你这么优秀的总经理人才，但我们请你合伙，你对经营也有信心，如果出力多，我们也不亏待你。这种方法主要是根据岗位价值的高低，结合市面上的工资水平来确定合伙人的工资，当然也可以一起商量，约定每位合伙人的基本年薪。

（2）第二种收入：奖金——超额贡献所得。

作为合伙人，也可以做个人的业绩提成。当然我们更希望合伙人带团队，最好是拿团队的业绩提成，即团队超额目标奖金。只要合伙人超出了考核指标的要求，就可以拿到目标超额奖。

（3）第三种收入：股息——资本保障收益。

（4）第四种收入：股红——资本增值收益。

股红，即资本增值收益，简单来说是股份分红。合伙企业的分红规则不像有限责任公司或股份有限公司那么刻板，只是按股份比例分红。

思考：你如何理解“股份多的，不一定分红多”？

2. 三个增值收益

合伙人除了上述四种直接收入外，还有三个间接的增值收益，即商誉、借贷和交易。有时候这些增值收益甚至远远超过直接收入，这也是做合伙人比纯粹打工更有长远利益之处。

二、激励机制

激励，即鼓励你做得更好，就会分得更多。所以，分配与激励机制是整个合伙制里面非常重要的部分。

（一）阿米巴股权激励关键点

阿米巴是一个独立核算的经营单元，并且形成金字塔结构：一个一级阿米巴包含多个二级阿米巴，一个二级阿米巴又包含多个三级阿米巴；以此类推。阿米巴股权激励，概括起来主要有以下几个关键点：

1. 用于激励的股份来源于本巴

企业容易把股权激励做成股权分配或股权买卖，没有激励的成分在里面。

而阿米巴股权激励就不一样了，研发总监的股份来自研发中心这个阿米巴，公司给你0.2%的股份，如果折算成研发中心的股份，那就可能是20%了。而且阿米巴是内部交易、独立核算的，这降本得来的500万元就是研发中心阿米巴的收益。按刚才分红的算法，可以分到500万元×20%=100万元，激励效果就很明显。

2. 个人股份分散在上下三级有关联的阿米巴中

由于阿米巴之间是内部交易、独立核算、自负盈亏，就可能导致巴长过于关注短期利益、局部利益、物质利益，从而可能损害整个公司的长期利益、整体利益、精神利益。因此，我提出在实施阿米巴模式时一定要维持好三大平衡，即长期利益与短期利益的平衡、局部利益与整体利益的平衡、物质利益与精神利益的平衡。

阿米巴股权激励能够解决这个问题，我们采用的是“阿米巴三级股份模型”。比如你是一个三级巴的巴长，按照上一条的说法，你的股份来源于你所在的某个三级巴，那么其中一部分的股份要放到你的上级巴和上上级巴，即二级巴、一级巴里。

3. 阿米巴的股份可动态折算成公司的股份

公司在进行股权激励时，大家都拿到了一样份额的股份期权，但是折算到各巴去，由于每个销售区域的资产或估值都不相等，因此每个人占各自所在区域巴的股份也就不同了。这是原始的公平。3 年以后，每个区域的经营状况肯定会发生变化，从而导致每个区域巴的资产或估值相对初始时或增或减，或多增或少增。行权期到了，大家都需要有条件地购入当初承诺的股份配额，但是需要根据各区域巴现有的资产或估值来计算。如果你的区域增长较多，获得的就不止当初的股份配额，反之则少。

成果12　合伙人股权基本结构与配比

	2024 年	2025 年	2026 年
长期激励方式	认购权	分红权、参与权	合伙经营权
合伙人人数			
股权结构			
能力结构			
激励对象			
持股方式	出资	购买 + 配送	购买 + 配送

（二）纵向激励

阿米巴经营模式的特点是可以不断地分裂或合并，其分裂或合并的方向有两个：一个是阿米巴横向裂变或合并；另一个是阿米巴纵向裂变或合并。如图 8 -1 所示。

纵向激励是对有上下级关系的阿米巴进行激励的方案。

在进行阿米巴股权激励时，也要分两种情况：未裂变和组合时，有裂变和组合时。

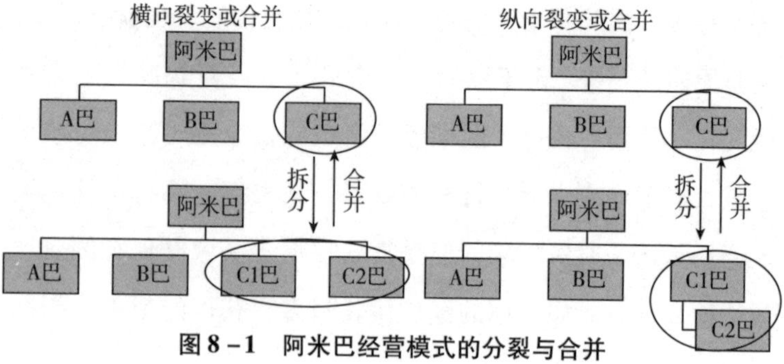

图 8－1　阿米巴经营模式的分裂与合并

1. 阿米巴未裂变和组合时

当阿米巴组织体系处于静态的时候，也就是阿米巴的个数、级数都没有变化时，“阿米巴三级股权激励模型”操作分为五步：

第一步，确定每位激励对象在总公司的股份配额（T）。

第二步，确定有垂直关系的三个等级阿米巴分别占股份配额（T）的比例（X_1、X_2、X_3）。

第三步，确定激励对象分别在三个等级阿米巴里的股份配额［（$T_1 \sim T_3$）$=T\times$（$X_1 \sim X_3$）］。

第四步，确定各巴的净资产或估值（G_1、G_2、G_3）。

第五步，确定激励对象分别在三个等级阿米巴里的股份占比［（$Y_1 \sim Y_3$）＝（$T_1 \sim T_3$）÷（$G_1 \sim G_3$）$\times 100\%$］。

操作

按照如上步骤，设计阿米巴激励方案。

2. 阿米巴有裂变和组合时

阿米巴纵向裂变就是一代一代往下延伸，产生新的阿米巴，并且总体趋势上，下一代阿米巴的数量会多于上一代，这也是阿米巴经营模式能够使得企业做大、做久的根本原因之一。

公司如果有条件，当然是鼓励各级阿米巴不断延伸、裂变。阿米巴延伸、裂变时，对原巴长、新巴长及核心人员的激励有三种做法。

(1) 均由总公司控股。

如图 8-2 所示，阿米巴每延伸、裂变一级，该阿米巴的合伙人均由总公司、上一级阿米巴、本级阿米巴构成，而且股份比例也一致规定，即新延伸、裂变出去的本巴巴长和核心人员占本巴股份的 20%、上级巴占 10%、总公司占 70%。但阿米巴经营报表是一级一级往上合并的。

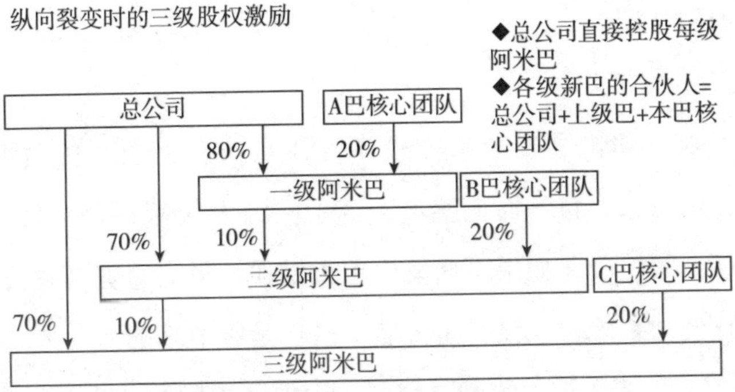

图 8-2 总公司控股法

①该方法适用的企业或行业的特点：

a. 必须由总公司加强管控的，一般过于放松，就可能导致产品和服务质量出现问题，甚至商誉受损，属于集团管控模式中“操作管控”。比如麦当劳，总公司对商标、原材料、辅料、加工工艺等都是有严格限制的。

b. 在日常经营、管理、操作过程中，可复制性、标准化程度较高，下级阿米巴不需要太多的自由、创新。

c. 市场竞争不算激烈，最多是“数量”级的竞争，即竞争的手段、方式也都属于普遍性、常规性的，并不需要各个下级阿米巴根据复杂的竞争情况而自主策划。比如很多品牌公司的直营连锁店就属于这种，不想失去流通领域的利润，更重要的是担心加盟店卖假货。

②该方法的优点：

管控较严，公司的安全系数较高，包括资产的安全、经营的安全，甚至对于员工抱团辞职创业的同行也能起到一定的预防作用。

③该方法的不足：

a. 上面讲了安全系数较高，那是从自上而下的角度来看；反过来，自下而上就不安全了。因为任何一个子公司都由总公司控股，如果下面发生重大错误，就会追责到总公司，由总公司来承担。没有防火墙，这也是很危险的。

b. 由于管控权收归总公司，削弱了中间层的力量。如果总公司的管理能力不足以支撑因为扁平化后而显得庞大的组织，一旦决策错误、出现重大闪失，公司很容易土崩瓦解。

（2）均由上级阿米巴控股。

如图 8－3 所示，新延伸、裂变出去的本巴巴长和核心人员占本巴股份的 20%，这一点与前一种做法、配股是一致的，但它由一级阿米巴控股 80%。

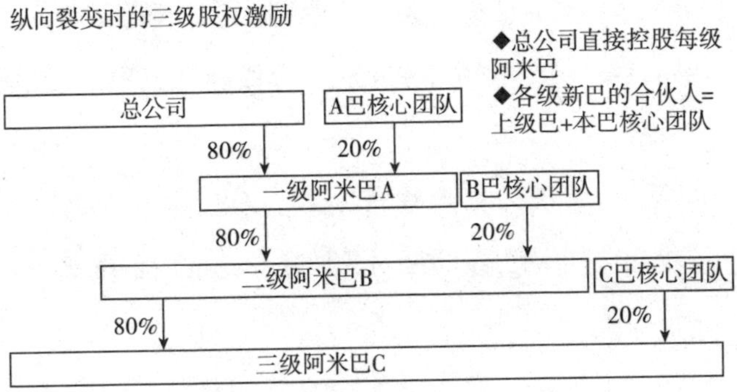

图 8－3　上级巴控股法

（3）动态激励。

我们在做咨询项目时，往往还会加上一个时间维度，形成动态激励。比如第一种、第二种方法，都是新延伸、裂变的巴长及核心人员占本巴股份的 20%，这是指刚刚成立新巴的时候。随着时间推移，加上业绩考核，如果新巴经营得非常好，是可以提高这个比例的。最多可以提高到什么程度呢？没有标准答案，主要考虑这几个要素：**生产力的关键要素**——劳动力（人）、劳动资料（工具）、劳动对象（材料与产品）；**大股东的意愿与胸怀**；**制度保障**；有条件的让渡；让股不一定让权；等等。

（三）横向激励

横向激励是并列关系的两者或多者进行比较后的激励，也是一种动态激励。

横向动态股权激励的操作步骤如下：

第一步，确定激励对象在公司层面的股份总配额。

第二步，确定激励对象在三个等级阿米巴里的股份分配比例。

第三步，确定动态调整的要素与权重。

第四步，重新分配激励对象留在总部的股份配额。

第五节 退出与结算机制

合伙协议本身就有一个期限，那作为合伙人，他怎么退出？退出时候怎么结算？

一、六个退出原因

在合伙企业中，如果你完成不了合伙人的使命，只能选择退出。一般合伙人退出，归纳总结有六个原因。

第一，期满退出。合同期满、协议期满，合伙人可以退出。

第二，淘汰退出。合伙人没有完成当初预期的业绩，没有做出当初预期的贡献，被公司淘汰。

第三，荣誉退出。合伙人到了年龄，由于其为这个团队做了比较大的贡献，因此公司为其保留了一定的荣誉，但是其作为合伙人已经退出。

第四，破产退出。这个合伙企业做得不好，或者这个合伙制的阿米巴做得不好，被别的企业或企业内部的其他阿米巴给并购了，这就叫破产退出。

第五，重组退出。比如这个合伙制企业需要增加新的资金、新的股东，进行资产重组，那有的合伙人就不想继续了，这也是一种退出。

第六，上市退出。如果公司上市了，那么我们作为小股东所占的这部分的股份就退出了。

在实际操作的过程中，也许还会有一些其他的情形，在此不一一说明了。

思考：阿米巴合伙制为什么需要有退出机制？

二、退出如何结算

合伙人退出之后，如何结算呢？

协议期满退出，大家就按照当初的股份比例，承担这个合伙企业的债权债务。如果有约定，那就按约定执行。

淘汰退出，是带有一定的惩罚性质的。合伙人当初承诺的业绩远远没有达到，就只能淘汰退出。具体如何结算，看协议怎么规定。

荣誉退出。所谓的荣誉退出，就是合伙人年龄大了，应该退休了。这个合伙企业可以保留他的股份，但是有一定的期限。

上市退出。这个可以根据上市公司相关的法律法规结算。

重组退出。合伙企业需要加大投资，那合伙人不想继续投入，甚至不想出力了。如果有盈利，你不想做了，那至少我还会把本金返给你；如果是亏损，你不想做了，是没有权利要求其他的合伙人，来补偿你当初出的资金的。

破产退出。这种情形跟淘汰退出差不多，你基本上没有经营好，主要是有债务。有限合伙人就不再承担这个企业的债务了。破产退出，基本上合伙人也有债权，所以关于退出机制的条款，约定得越详细就越好，大家开开心心地散伙。

五大机制，责任与授权机制、目标与考核机制、审计与监察机制、分配与激励机制、退出与结算机制，都应该是合伙协议里规定清楚的。有一个清晰的记录，有一个分工的责任，也有规范的退出机制，这样才能把合伙企业共同经营好。

操作

根据合伙人退出原因，将采取不同的结算方式。

退出原因	结算方式	结算结果

阿米巴团队激励
AMOEBA

第九章

如何升级合伙制

如何将企业的“青春”延长？根据我们的经验总结：把企业做成平台，企业才能做大；把平台做成阿米巴，企业才能做强；把阿米巴做成合伙制，企业才能做久。我们按照贡献价值，把每一个人的积极性进行转化。你做了老板，就要付出不亚于任何人的努力，这个创造力肯定是不一样的。

本章目标

1. 掌握：三种合伙范围扩大化。

2. 理解：四级合伙层次晋级化。

3. 理解：五个产业链延伸。

4. 理解：从合伙制升级到平台化。

形成成果

阿米巴未来3年战略计划。

扫码购买配套精品课程

第一节 三种合伙范围扩大化

企业的业务扩大、区域扩大、人数扩大，导致合伙范围扩大。通过推行合伙人机制，更多的员工会变成合伙人。除了共享，这种合伙制让合伙人又多了一份共担。

一、业务扩大

业务规模扩大，就需要升级合伙制。业务扩大，就需要进行业务组织结构裂变。公司业务规模扩大，生产效率将会有所提升，经营效益逐步提高。更重要的是，实行合伙制可以培养和引进更多的高级人才。

二、区域扩大

对于规模大、区域分散的企业来说，按地区划分阿米巴是一种比较普遍的方法。其原则是把某个地区或区域内的业务集中起来，委派一位合伙人来主管。

区域扩大，合伙人范围也随之扩大。通过实施合伙制，责任到区域，每一个区域都是一个利润中心，每一位区域经理都可以变为合伙人，负责该地区的业务盈亏；总部放权到区域，每一个区域有其特殊的市场需求与问题，总部也能够放手让区域合伙人处理。

区域扩大，企业总部的主要任务就是让区域合伙人能够发挥好作用，让他们承担组织更快发展的责任。整体上，每一块区域有一个核心团队可以成为合伙人，同时形成整个公司的合伙人架构。

三、人数扩大

人数扩大，合伙人规模也扩大。公司提供平台、资源、资金和产品等要素，核心人才提供技术、才能、劳动付出等要素，通过构建事业共担和利益共享机制，充分调动人才积极性，实现核心人才变成合伙人的身份转换，达到持续撬动业绩的目的。

成果13 阿米巴未来3年战略计划

	2023 年	2024 年	2025 年	2026 年
产品定位				
发展策略				
经营目标				
团队建设	创始合伙人	合伙人	核心合伙人团队	分公司合伙人 二三级合伙人

第二节　四级合伙层次晋级化

搭建起多层次合伙人架构，合伙层次也要晋级化，从而有效激励合伙人。企业根据自身需要把合伙人细分为项目制合伙人、事业部合伙人、阿米巴合伙人、公司级合伙人等不同级别和多个层次。

一、项目制合伙人

项目孵化。企业整合各类资源，实现公司的平台化转型。原有部门逐步实行阿米巴经营模式，每个阿米巴自主经营、独立核算。公司内部员工根据公司战略规划具备项目独立立项要求，提交相关资料审核通过的，可单独成立项目，成为项目制合伙人。

项目制合伙人的义务是维护公司利益，遵守公司制度。参与完成公司的项目培训并通过考核，按照公司项目规划开展项目运营工作，并对行为和结果负责。按照合伙协议与项目合作分配利益，对所属项目的立项、推广、实施以及客户的利益负责。

二、事业部合伙人

实施合伙制，企业变“职业经理人”制度为“事业合伙人”制度，从根本上解决这两个问题：一是将职业经理人变成合伙人，将经营者的角色从打工者转变为股东；二是从利益共同体到事业合伙人。提高事业合伙人所占股份，增加经营层持股数量，从而捆绑股东与合伙人的利益，激励经营层提升业绩。事业部合伙人，由于身份角色的转换，得以进一步激发经营管理团队的主人翁意识、工作热情、创造力和创业精神，强化合伙人团队与股东之间共同进退的关系。

三、阿米巴合伙人

企业通过阿米巴经营模式，把核心人才发展成为执行股东、阿米巴合伙人，即经理人 + 股东（阿米巴大股东），最大限度发挥人才财富机制。

四、公司级合伙人

公司级合伙人指以其资产（包括有形资产和无形资产）进行合伙投资，参与合伙经营，并依合伙协议享受权利和承担义务的合伙人。

公司级合伙人被赋予三种重要权利：股权激励、公司控制权和身份象征。做到“公司级合伙人”级别的人往往经过严格筛选，成为合伙人后将享有分红、控制公司等权利，

“公司级合伙人”又是一种身份的象征。公司级合伙人需要高度认同企业文化，愿意为企业使命、愿景和价值观竭尽全力。

思考：你如何理解合伙层次的关系？

第三节　五个产业链延伸

产业链延伸又分横向延伸和纵向延伸。产业链横向延伸，增加公司对市场价格的控制力，获得单个领域的绝对优势。纵向延伸，主要指处于一条价值链上的两个或者多个厂商联合在一起结成利益共同体，致力于整合产业链资源，创造更大的价值。实现产业链各个环节资源的深度整合和优化，提高企业的整体竞争力。

产业链纵向延伸又分上下游拓展和延伸两类。产业链向上游延伸一般是产业链进入基础产业环节和技术研发环节，向下游拓展则进入市场拓展环节。

企业内部实施合伙制取得明显效果后，也可以考虑让合作方也加入进来，将产业链上的利益相关方也变成合作伙伴，重构产业生态体系。

一、上游延伸

产业链纵向延伸指企业向其上游产业或下游产业的延伸。企业对产业链中的上游资源和下游营销渠道等需要进行深度合作和绑定，如采用股权激励、股权投资等形式实现与行业产业链的上下游合作，以促进企业的长远发展。

上游延伸，主要是与上游供应商形成紧密的战略合作和业务协同关系，实现外部协同。企业通过将上游供应商发展成合伙人，达到多方共赢的效果。

二、下游延伸

任何企业的发展，都离不开产业链的配合及下游经销商等合作伙伴的大力支持，因此企业要重视价值共享。面对新形势，通过升级合伙制，每一位经销商都是合伙人，能够享受多种合伙人权益，参与价值分享，从而盘活产业链上的利益相关方，促进企业生态圈的良性发展，这会让合作伙伴给予企业更多支持。

三、横向延伸

横向延伸是指通过对产业链上相同类型企业的约束来提高企业的集中度，扩大市场势力，从而加强企业对市场价格的控制力，获得垄断利润。

企业在产业链延伸的过程中，需要大量的资源支持，可以尝试调整内部股权结构，实现合伙人持股。

四、无关延伸

企业可以由产业链某一环节向其他环节延伸，或由单一产业链环节向全产业链延伸，或在深耕某一细分行业的基础上，向其他细分行业拓展。将产业链的利益相关方发展成为其合伙人，能降低企业的成本、提高产品性价比。

五、外部整合

外部整合，即将企业打造成平台，整合产业链上下游的资源，跟同行业、客户合作，通过平台化运作整合链接产业链上下游的小微企业，为它们赋能和提供服务。同时，增加双方的收益或者降低双方的交易成本，自身也因此获利。

企业通过产业链外部整合，将平台与合伙人的利益捆绑，能够形成竞争优势和企业护城河。

思考：为什么产业链延伸之后，公司就有必要实施合伙制？

第四节　从合伙制升级到平台化

把企业做成平台，企业才能做大。这个平台包括四个部分：支柱、面板、背板、天花板。

一、支柱

支柱是平台的核心资源。公司有资金、技术、品牌等，这些称为核心资源。核心资源是支撑整个平台最重要的力量。所以我们做平台的时候，都是先把核心资源挖掘出来。

二、面板

在企业平台的主要结构中，面板就是共性服务。企业可选择搭建面向现有行业的整合型平台，通过总部平台对下属阿米巴经营单元提供服务，并通过市场化的阿米巴内部交易机制设计，明确集团总部与各业务板块之间、业务板块之间、业务板块内部的利益分配、内部交易机制，以合伙人改造的方式大规模整合、收编行业内企业、团队，形成众多扁平化的业务单元。

三、背板

企业平台结构的背板是理念文化。企业平台并不是简单的商业利益叠加，而是需要建设团结、有气魄、有格局的企业理念文化体系，从使命、价值观上完成对企业平台所有主体的融合和统一，从而实现彼此基于平台的更大商业认同，并彼此维系。

四、天花板

企业平台结构的天花板是审计监察。企业在向平台转型的过程中，不仅要注重经营效率的提升，而且需注重对风险的管控。

企业平台为什么要审计监察？平台型企业需要的高水平和更为严格的内部审计制度，能客观监督企业出台政策的落实，提供准确的审计数据和报告，进而提升企业经营的效率，提升效益。

操作

从合伙制升级到平台化，公司需要做哪些准备工作？请列出清单。